国学中的亲子智慧

赵中华

赵中华◎著

中国华侨出版社
·北京·

图书在版编目（CIP）数据

赵中华：国学中的亲子智慧 / 赵中华著. —北京: 中国华侨出版社, 2021.1

ISBN 978-7-5113-8318-1

Ⅰ.①赵… Ⅱ.①赵… Ⅲ.①家庭教育－中国 Ⅳ.①G78

中国版本图书馆CIP数据核字(2020)第187697号

赵中华：国学中的亲子智慧

著　　者/	赵中华	
责任编辑/	江　冰	
封面设计/	国风设计	
经　　销/	新华书店	
开　　本/	710毫米×1000毫米　1/16　印张/15　字数/200千字	
印　　刷/	文畅阁印刷有限公司	
版　　次/	2021年1月第1版　2021年1月第1次印刷	
书　　号/	ISBN 978-7-5113-8318-1	
定　　价/	49.80元	

中国华侨出版社　北京市朝阳区西坝河东里77号楼底商5号　邮　编：100028

法律顾问：陈鹰律师事务所

编辑部：（010）64443056　　　传　真：（010）64439708

发行部：（010）88189192

网　址：www.oveaschin.com　　E-mail：oveaschin@sina.com

如发现印装质量问题，影响阅读，请与印刷厂联系调换

前 言

很高兴能和大家在这里结缘。我一直在思考两个问题，我是谁？我要到哪里去？

我是谁？我不过就是想为更多家庭带来幸福的一个分享者，让更多家庭收获幸福，让更多孩子实现梦想、充满自信。我在全国巡回演讲了很多场，每次我都看到有的家长是从很远的地方而来，体会到父母对孩子的爱以及对幸福的渴望，所以才有了这本书的诞生。

这本书是我在现场与很多家长对话以及问答的一些分享，不能说全对，我只能说通过我的分享希望对你的家庭和孩子有所帮助。同时，我也接触了很多心理学和传统文化的课程以及儒释道的学问。我尤其觉得一个孩子的人格是最重要的，所以我希望我们做家长的在教育孩子时，绝对不能忽略在这方面的引导。什么是人格？人格是人的性格、气质、能力等特征的总和。回顾过往的家庭教育，有的孩子因为人格缺失和不良最终走向一条不归路的案例比比皆是，所以我们要引起重视，我也希望我的这本书能为大家带来启发。

我也是两个孩子的父亲，也能深深地感受到父母对孩子的期望，可是孩子所谓的那么多问题到底和谁有关呢？你去海边想游泳、你去 KTV 想唱歌、你去寺庙想拜佛，所以你会发现孩子所谓的问题与环境有关，环境是谁打造的？是你！孩子所谓的问题一定离不开父母的影响与引导。如果你是带着自我觉察的态度来学习，我相信你的收获将会更多；如果你带着一种我一定要改变对方的态度来学习，也许你会有一些痛苦。我写书的目的是希望能够帮助我们家长自我提升，这才是我的初衷。

我的孩子不爱学习、做事拖拉、不自信、沉迷游戏、自卑内向、不懂礼貌、做事没有规划、懒惰等，这是我们在全国巡回演讲时，家长经常提的问题，我能感受到父母对孩子的期望。我每次都会说，在解决问题之前我也想问你几个问题：第一，孩子在娘胎里的时候会有这么多问题吗？第二，你学习过如何沟通类的课程吗？第三，你本人也有这样的问题吗？这三个问题问完，有一部分家长就立刻反应过来了，明白孩子的问题与自己有关，无知的代价最昂贵。任何事情都要学习，开车需要学习，游泳需要学习，健身也需要学习，那孩子教育呢？一定是需要学习的。我们不能总是以自己固有的思想来教育孩子，我们要接受新的思维、新的方法，然后我们自己再做出一些改变，改变自己的行为、语言、表情，我相信我们的孩子也会随之改变。同样，我们以这样的心态来阅读这本书，也会从中受益。

我要去哪里？无数人一生其实根本不知道自己要去哪里？要做一件什么样的事？可是他（她）很清楚孩子要去哪里，他们希望孩子考大学，希望孩子学钢琴，希望孩子成绩名列前茅，希望孩子学舞蹈……这些想法我觉得很好、很棒，可是我要问一个问题，假如丁俊晖没有学台球、郎朗没有学钢琴，你觉得他们的人生会怎么样？所以我觉得与其我们要求孩子，不如我们先去发现孩子的优点，再鼓励孩子发展特长，这样才能帮助你的孩子实现梦想。

这本书是我在上千场演讲期间与学员对话的总结与归纳，结合了心理学、儒释道以及我自己的一些人生感悟写成的，不妥当的地方请读者海涵，也希望我们能面对面交流学习。在此感谢您的支持与厚爱。

赵中华

目 录

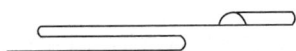

第一章

道德守根固本，德育基础决定上层建筑

占有：越来越发现，孩子的"占有欲"太强了

家长问：最近发现儿子有一个毛病，就是不愿意将自己的东西与别人分享，而且除此之外，还下意识地想要霸占别人手里的东西。有一次看他和小朋友玩儿，自己的玩具不分享给别人，别人的玩具还要死死地抓在手里，没两下子就把对方搞怒了，于是两个孩子开始对打，扯了半天才扯开。这时候对方的小朋友说："把玩具还给我。"他还振振有词地说："我比你玩儿得好，当然是我的，这一切都是我的，怎么了？"听了这话，我都被吓了一跳，这到底是什么逻辑啊！

老师答：内心的占有欲显示出来的是一个人个性中的不满足感，因为害怕失去，所以才去占有；因为总觉得自己拥有得不够多，所以才会想方设法地占据。但是这样的行为最终导致的结果，不是得到得越来越多，而是拥有得越来越少。想要改掉这个坏毛病，就要让孩子知道知足，并让他在分享的过程中得到满足。当一个人真正做到内心强大的时候，他本性中的欲望就会转化成包容与付出，他会迫不及待地想要与人分享，因为这样才能让他拥有真正意义上的充实和成就感。

原文：

子张问于孔子曰："何如斯可以从政矣？"

子曰："尊五美，屏四恶，斯可以从政矣。"

子张曰："何谓五美？"

子曰："君子惠而不费，劳而不怨，欲而不贪，泰而不骄，威而不猛。"

译文：

子张向孔子问道："怎样就可以从政了呢？"

孔子说："能尊崇五种美德，摒除四种恶政，就可以从政了。"

子张问："那五种美德指的是什么呢？"

孔子答："顺着百姓所能得到利益之处而让百姓去获得利益；选择百姓能干得了的劳役让他去干；百姓得到了仁义，不再贪图财利；无论势力大小，都不敢轻视；威严却不凶猛。"

前段时间看到一个很有教育意义的视频短片：

有一天，家里来了一个小客人，爸爸妈妈把他迎到儿子身边说："来给你介绍个小朋友，今天你有玩伴了。"可是儿子却一脸冷漠不理不睬，转过身就关上了门。过了一会儿父母去看儿子，发现他把自己所有喜欢的玩具都藏了起来，坐在床上一脸的不高兴。这时候不知情的小客人走过来，友好地说："哇，你的屋子真漂亮。"转过身就想坐在他身边，却没想到引得对方大声地叫嚷说："别坐，这是我的床，你不许乱动这里的东西，因为这里的一切都是我的。"听了以后，小客人先是一惊，然后知趣地转身离开了。

看着这样的场景，想到现在的孩子，或许这样富有私有领地感的小家伙儿，就生活在你的臂弯之下，平时看起来，并不起眼，但到了维护"个人利益"的时候，那种表情俨然就像一个威严的律师，满脸的不可侵犯，看了着实让人摇头。自己的东西不许别人碰，自己的餐具不许别人用，自己的衣服不许别人穿，自己的一切都不容许另外的人拥有，以至于走到哪里都成为了一个不合群的典范，只能抱着自己所拥有的一切独自玩耍，面对别人的接近，所遵循的原则往往都是，你给我可以，但想要我给你，那连门儿都没有。

为什么会出现这样的问题呢？主要原因，还是在于孩子的内心，因为内心始终害怕失去，才会在占有欲上拥有如此强大的行动力，而真正问题的核心在于，他们的世界里，始终存在着一种缺失的恐惧，他们从来没有意识到内在的具足，所以才会紧紧地抓着拥有不放，不愿意将他拿出来与别人分享。倘若这个时候，不加以处理，便会渐渐衍生成为对外界一切的不信任，他们会用一种极端的视角去看待亲近自己的人，总是觉得，一切的接近都抱着一定的目的性，而最令他们难以容忍的目的，就是要从他这里获取，这种极不情愿的分享会让他们深陷恐惧和不安，总觉得自己拥有的本就不多，再被别人瓜分，很可能会一无所有。尽管这个时候身为父母的我们会宽慰他们说："好东西就是要大家分享的，分享的越多，得到的越多。"但作为一个孩子，很难在缺失的当下认同其中的真谛，他们的着眼点，就当下的而言，他们体验到的，就是最直观的痛苦，倘若我们不能有效地逆转他们的感受，他们内在的占有欲就会越来越强烈，而这对于他们的成长而言，是相当不利的。

想到这，突然想到了我们国家的古典教育，很多质朴的文字，都在弘扬着一种无私的付出精神，比如说老子就曾经说："天地所以能长且久者，以其不自生，故能长生。是以圣人后其身而身先，外其身而身存，非以其无私邪？故能成其私。"天地之所以能长久，在于它内在的具足和无私，因为从来不觉得自己缺少什么，所以才能在默默付出中长养万物。而作为一个圣贤的内心，往往是与天地相合的，因为内心中从来没有所谓的占有和私欲，所以反而能够轻松地达成愿望，过得最真实，最安稳，最充实，最令人敬重和羡慕的真实富足。而就这一点来说，说起来好像很容易，但要真正实现定静的付出，不计回报的给予，不要说是一个孩子，即便是像我们这些具备大人身份的父母，也是需要进行一番自我历练的。

前段时间我儿子也出了一个问题，因为过去我生长在农村，尽管现在搬到了城市，在老家还有很多要好的亲戚，这天刚好表弟的孩子来家里玩儿，爱人就把儿子平时爱玩儿的玩具和一部分还有几成新的衣服拿出来要送给他。这时候儿子显然是不高兴了，嘴巴噘着，一脸委屈和苦闷，好像马上要失去一些重要的朋友。我看到他那个样子，心里也猜出了几分，于是随手拿了个玩具对他说："儿子，这个玩具现在有新的使命了。"

"什么使命？它马上要换主人了，从此以后，这一切都不再跟我有关系，我一下子失去了那么多，你们谁也没有顾及我的心情。"说着儿子就开始抹起眼泪来。"谁说是这个使命了？"我摇摇头说道："傻儿子，这些生力军要带你去找朋友，找玩具了。""怎么会？"儿子低着头依旧哭泣着。"你看，你把玩具送给了这个弟弟，就与这个弟弟成为了好朋友，今后，你去到他家，便可以和他分享更多的玩具，你得到了一个好朋友，又变相地拥有了更多的玩具，这不是一件好事吗？"听了这话，孩子还是不情愿地摸着心爱的玩具不愿意放手。这时候我叫来了表弟的儿子说："现在你们两个人是好朋友了，我就想问，如果有一天哥哥到你家，你会不会奉献上自己所有的玩具跟他玩儿？"表弟的儿子点头，随后我对那孩子说："告诉哥哥，你家有什么玩具？你们那里有什么好玩儿的东西？"

于是表弟的儿子开始滔滔不绝地分享他在乡下的玩具和有意思的趣闻，这时候我忽然发现儿子的情绪得到了很大的缓解，他开始不由自主地去聆听，看着对方惟妙惟肖的表达，他时不时地流露出一丝笑意。这时候我便拍拍他的肩膀说："儿子，这是一个多好的机会啊，有一个朋友在家，正准备和你一起玩儿，你自身的拥有更强大了，现在就好好地享受，大家一起拿着玩具去玩儿吧。"于是，两个孩子一瞬间熟识起来，没一会儿的工夫，就玩儿得很嗨了。

事后，我带着孩子来到河边，将他的小手，放到水里，对他说："儿子，你觉得用你的小手捞水，能捞到多少？""很少的一部分啊。"儿子说道。"但是倘若这个时候，你将这些小水滴融入河流，所有的水在一起是不是很庞大？""是啊。"儿子看着我说。"我们每个人起初都是一个不起眼的小水滴。想要强大，就首先要学会奉献自己，当我们带着奉献意识去对待别人的时候，就会源源不断的交到朋友，具足友谊，而当你的朋友越来越多，你的力量就会越来越大，最终所有的小水滴汇聚成为一股力量，江海也就变成了我们自己，到那个时候，你的生命就会因此而发生巨变，你拥有的不再是现在手中的一点点，而是拥有了整个世界，儿子，整个地球都是蓝色的，它是由水充斥具足的，爸爸最想看到的，是你能够真正意义上成为拥有天下的王者，而这个伟大计划的初始，就是从学会分享开始的。"

很多父母看到了孩子的占有欲，却不知道如何引导他们，盲目的批评是达不到效果的，关键的一点就是要让他们意识到与人分享给自己带来的好处。当一个人意识到某个行为，能够给自己带来快乐和成就感的时候，便会展现出无须鞭策的积极动力，他会很自然地对它心生向往，并在这种向往中，一步步走向强大，最终形成自己的力量，赢得更为富足的人生，拥有更加完美的自己。

赵中华老师语录：

1. 一滴水，微不足道，但是倘若它会分享，其本质就会发生翻天覆地的变化。

2. 占有的核心，是不够富足的表现，与其抓住本有不放，不如找个机会，让拥有流动起来。

3. 成为别人信念中的依靠，往往比满足个人欲求更为重要。

残忍：为什么会对小动物那么残忍

家长问：前段时间带着孩子到外面去玩儿，本来阳光明媚，外面一片生机，却突然看见几个大孩子在那里捕捉螳螂和蜻蜓，其中有一些螳螂显然是怀了孕，肚子大大的，结果被他们一脚踩在脚下死得很惨。这时候我赶忙捂住孩子的眼睛，可没想到孩子却把我的手扒开，不停地在那里兴奋的尖叫，好像自己对眼前的一切心驰神往，这时候我突然被吓到了，对被伤害的小动物熟视无睹，我该怎么帮助他呢？

老师答：力行胜过言教，做人首先要做的是守住内心的良善，而这本身是需要我们在点滴生活中诠释的，想要让孩子对生命心怀悲悯，需要家长不断培养他们的爱心，而这些小细节，必然会被孩子看在眼里，最终影响到他们一生的选择。

原文：

陆游诗云：血肉淋漓味足珍，一般苦痛怨难伸。设身处地扪心想，谁可将刀割自身？

译文：

陆游说：屠宰时场面血肉淋漓换来了美味，动物的种种痛苦和怨念难以表达，请你们设身处地扪心自问一下，谁肯用刀来切割自己的身体呢？

————————————

很多家长总是一味地关注孩子的学习，却从来没有意识到，其实作为一个人，真正的立身之本，在于他对这个世界的爱。一个真正能够投入爱的人，才能够更真切地珍惜身边的每一个人，每一个生命，每一段缘分，每一遭过往。

这个世界上，有智慧的人很多，能把智慧用到点子上的人，其实并没有几个。这个世界上有能力的人很多，但是真正能够有机会把能力发挥出来证明自身价值的人，屈指可数。这个世界上，有钱的人很多，但是并不是所有有钱的人都能快乐；这个世界上，情商高的人很多，但并不是说情商高的人，最终都能尽情展现自我。那么人生的舞台究竟在哪里？为什么有人一生没有机会，有人却不管走到哪里都能左右逢源？其中最重要的核心，恐怕并不在于我们很看重的元素，而在于我们内在的发心。而这一念的发心，一定是纯善的，一定是尊重生命的，一定是要让这个世界变得更加美好的。

倘若一个孩子，从小没有进行爱的教育，即便他的智商再高，即便他在某个领域很有能力，即便他真的怀有高端的情商，即便他很快就可以实现财富自由，就其内在而言，依然是存在很大缺陷的。因为没有爱的滋润，行为间就没有了道德的尺度，很难想象，当一个没有道德约束的人，一时之间拥有了所有人心驰神往的富足和才华，那么对于世界而言，他所能给予的，是幸福还是灾难呢？

曾经有一段视频，真的让人刻骨铭心，一个学校的高才生，在被捕入狱后，抱着妈妈哭泣，而这位母亲也是泣不成声，她说："曾经没有意识到，你道德的边界是这样容易就跨过去了，小时候做错了事情，妈妈爸爸可以教育你，现在你长大了，爸爸妈妈不再能做主，违背了社会的道义，教育你的就只有公安局，只有法院了。"每当看到这些，我就会思考一个问题，如果在孩子很小的时候，我们能够将更多的着眼点，放在培养孩子良善的爱心，完善孩子纯正的道德上，那么即便有些事我们并没有给出什么意见，他自己的意识中，也会有一把尺子，能做还是不能做，究竟该如何选择，自小的边界意识自然会给他答案。

那么究竟怎样提高孩子的爱心意识呢？首先最重要的一点，就是让他们用心去体悟自然中的一切生命，让他们感受到万物生灵的平等，让他们知道生命对所有众生而言，只有一次，倘若将自己的意志建立在别人的生命意志之上，那么这只能说明一点，此时此刻，自己是一个缺少仁爱的人。

其实想要培养孩子的爱心，并不是一件特别困难的事情，从小让他们和善意的生命在一起，让他们对身边的小猫小狗自觉地产生关爱照顾的责任，当他无意识伤害到生命的时候，下意识加以阻拦和驾驭，我们只需要调换孩子的角度，问问他："宝宝，如果有人这样摁住你的胳膊，不让你前行，你会不会痛苦？那么现在这只小螳螂也很痛，我们不要伤害它好吗？"就在那一刻，一个如常的瞬间，孩子爱的意识就被你无形开启了，他会对自己说："哦，原来小昆虫也会疼，我不可以伤害他。"倘若我们能够定时地和孩子到集市上买一些小鱼小虾，带着孩子到河边放生，然后快乐地和他一起鼓掌说："哇，太好了，小鱼小虾恢复自由了。"就在那一刻，孩子便会不自觉地有了爱的感知，从此不再轻易地迫害任何生命的自由。这看起来也是玩乐，却能够成为孩子受用终生的启迪。

相比之下，看看我们很多家长对孩子的错误教育吧，多少家长，带孩子参与户外郊游的时候，不但没提起孩子的爱心意识，反而蹲在那里和孩子一起捞鱼捞虾，每当捞到的时候，感觉比孩子还要开心，嘴里还振振有词地说："宝宝，快看，爸爸给你捞了个大的。"看上去一切没什么大不了，却发给了孩子一个错误的暗示："对于自然的生灵而言，我作为人，是理所当然富有优越感的！"试想一下，倘若一个人，摒弃了爱的理念，将这样的意识作为生命的主导，沿用一生，那么结果会有多可怕？倘若这种思想在没有更正的情况下，又沿袭给了孩子的下一代，我们的地球，我们这个自然集合的大家庭，究竟还能不能在人类的觉悟下而变得更加美好呢？今天对小动物残忍，明天很可能就会对家人残忍，后天很可能对社会残忍，再后来残忍有了更多存续的理由，其破坏力之巨大，想起来就足够胆战的。所以作为孩子的父母，从小细节的纠正到对世界格局观的影响，别说你没有责任，我们每一个人都是有责任的。

父母是孩子生命中的第一任老师，与其教会他们智慧，不如教会他们如何去爱，当他们真切地爱上了世界，以纯善的态度去面对世界的时候，美好的一切才能与他们如影随形。这是一个自我修身的过程，而就这堂课而言，开始得越早，越是能够在他们的后续人生中发挥作用，所谓福报的积累，就是在这样的觉悟下开启的。

赵中华老师语录：

1.授之以鱼，不如授之以渔，给予孩子爱，不如给予孩子爱的能力。

2.倘若能够把对生灵的残忍，看成是对自己的残忍，那么这个世界上，残忍的事情一定会越来越少。

3.一个真正珍惜他人生命的人，才更容易从自然中赢得快乐。

欺骗：没想到这么小就会骗人了

家长问： 现在的孩子，嘴里瞎话顺口就来，而且越说越真，你也不知道哪句话是真的哪句话是假的。就拿我们家孩子来说，一天算下来，光骗人这些小手段，怎么着也得来上几遭，每当质问他的时候，他总是一脸无所谓，甚至还会理直气壮地跟你掰扯："在我的世界里，一切就是这样的啊。"请问老师，面对这样的孩子，我该怎么办呢？

老师答： 把欺骗当习惯，首先从心理学的角度，有两点需要注意，一个是孩子很可能在下意识地逃避责任。还有一种则证明他们自我世界中的缺失，因为没有在真实意义上的达成所愿，所以宁愿以欺骗的方式来优化自我的意识，之所以会做这些事，不单是为了欺骗别人，从另外一个角度而言，它很可能会成为一种自我蒙蔽的认知模式，不断地试图用欺骗去宽慰自己，抚平内在的不安和遗憾。不管是出于哪种目的，对于孩子的个人成长而言，都是相当不利的。

原文：

孔子曰："其言之不怍，则为之也难。"

译文：

孔子说："一个人说话大言不惭，那他做起事来就难了。"

———————————

前段时间，有个家长跟我抱怨，说自己孩子嘴里的实话越来越少了，问他在学校过得怎么样，他总是信誓旦旦地说："挺好的啊，我和班里的同学相处得都很和谐。"随后便开始以各种理由向她索要金钱。今天说有个同学过生日需要买礼物，明天说班里老师要求集体购买学习资料，后天又说学校组织集体捐款，总之有说不完的理由。起初，听到的时候，父母觉得挺有道理，这些钱都是应该花的，所以给了钱也没有过问。直到有一天学校打来电话，说孩子在学校，总是以各种理由管同学借钱，而且只要借了就不还，现在全班同学都不喜欢他，谁也不知道他把那些钱都用到哪儿去了。听到这个消息，作为家长，脑袋紧跟着嗡的一下，这到底是怎么回事？于是把孩子揪过来问个清楚，结果他还是满嘴瞎话，以至于最终不得不对他动用体罚。后来才知道，这孩子最近迷上游戏，所有的钱都用来花在购买游戏装备上了，结果在外面欠了一大笔外债，最后想要堵窟窿却发现怎么也堵不上了。

眼下很多孩子都存在说瞎话的问题，其核心就在于，他们的内心存在着一种侥幸心理，今天本来做错事要挨批评的，但因为说了瞎话，一切就轻松过关了。今天本来是要失去一些东西的，因为说了谎，不但没有失去，反而获得了意外的奖励。今天本来是存在一些失落感的，但是因为欺骗了一个人，内心反而找到平衡，瞬间觉得松快多了。欺骗就心理学而言，是一个非常精微复杂的概念，其中聚集着各种各样的复杂情感和微妙的潜意识。有些意味着推脱，有些意味着不自信，有些意味着内心抚慰，有些意味着摆脱恐惧，或许就某些事而言，本不需要说谎，但为了能够让自己的状态更完美一些，很多人依旧会带上欺骗的伪装。这样的行为，大人会有，而孩子在是非意识尚且薄弱的成长阶段，也难免会遇到同样的问题。要想切实有效地解决弊端，就要透过现象看本质，看看藏匿在孩子谎言之下的心理动机究竟是什么，这样才能将他们重新引入正轨，担负起自身的责任，端正好其内在的德行和态度。

想要纠正一个错误，首先就要让孩子预见到这个错误发生后所带来的后果，让他自己意识到这一切会给自己带来的不利影响，唯有如此，他才会渐渐丧失造作的兴趣，开始下意识地做出改变，从自心出发与不良行为划清界限，不再去轻易触碰，不再去下意识地与相关的信念链接。这一点，我的一个朋友，在教育自己孩子的时候，就做得相当到位。

有一次，朋友的孩子，因为考试不理想，就偷偷地找了同学改分数，还模仿家长的笔记签字。朋友知道了这件事以后，并没有训斥孩子，而是拿走了孩子最心爱的玩具，随后整整一个星期，都以沉默的方式面对他。看到爸爸这样严肃的样子，孩子忍不住哭泣起来说："爸爸，把玩具还给我吧，我知道错了。"朋友听到后，转过身说："那我怎么相信你说的话是真的呢？你已经欺骗我了，就我的原则而言，被欺骗是一种极其受伤害的行为，在有限的原谅指数中，我只能勉强再给你一次机会，如果有第二次，不但我要收回你屋子里所有的玩具，而且也不会很真诚地对待你了。我对你说的话，没有欺骗性，如果你想验证，那就再骗一次人吧。"听了这话，孩子低下头。"你能告诉我，你为什么要欺骗呢？"朋友问道。"因为我害怕被批评，害怕之后面对你严厉的样子。"孩子哽咽地说。"那后来的后果是什么？"朋友问道，"是不是我更加严厉了？""嗯！"孩子低着头说。"因为害怕承担责任，所以采取了欺骗的方式，一旦事情败露，那很可能会因此失去更多。"朋友说，"今天爸爸就要用行动告诉你这个事实，这个世界上每个人都不完美，没有达到预期成绩可以理解，但因此而实施欺骗，就是对别人的伤害，但凡是有了伤害，早晚都是要还的。"听了朋友的话，儿子陷入了沉默，从那以后，再也不敢说谎了。

就欺骗而言，我们首先要做的就是将一些理念性的内容在孩子的意识中进行整合，我们要用自己的语言和行为去强化他们的概念，告诉他们，欺骗带给一个人的终极伤害究竟是什么。当他们意识到后果的严重性，就必然会引起重视，这样在后续的引导和教育中，一切便会自然的达成效果。其实就孩子而言，骗人这件事，无非是成长过程中一个自我逃避的插曲，教会他们如何智慧地去面对一切，不再去刻意地回避责任，便可以锻炼到他们心性中勇于担当的种子，从而规避说谎所带来的隐患，有效维系好那份对别人、对自己的诚恳。单就这一点来说，秉持成年人的经验，再没有什么比这更重要的了。

赵中华老师语录：

1. 欺骗让我们活在了一种不真实的幻境里，梦做得越美，受的伤越深。

2. 谎言再甜美，也终究是谎言，一旦谜底被揭穿，欠下的债总是要还的。

3. 骗人的话，比真话还真，即便所有人都相信了，自己的潜意识，多少还是会胆战紧张的。

推卸：怎么出了问题永远都是别人的错

家长问：这段时间一直在反省自己，感觉作为一个家长，为什么不能从小纠正孩子身上的问题，现在孩子不管做错了什么，都要归咎于别人，从来不能勇敢的承担自己的问题。每当批评教育的时候，他总是一脸的抵触情绪，作为父母，虽然看出了其中的问题，却不知道怎样有效地引导他，面对这种情况，我们究竟该怎么办呢？

老师答：对待这样的事，问题的中心还是在于父母的引导，让孩子养成自我反省的好习惯，让孩子了解到问题的相对性，这一点是很重要的。这个世界不存在单方的伤害，看清自己的责任所在，将自己所要承担的内容勇敢地担当起来，便从自性中少了一些推卸和怨恨，就此将反省转向自我，不断地总结经验，让自己一点点强大起来。

原文：

　　曾子曰："吾日三省吾身，为人谋而不忠乎？与朋友交而不信乎？传不习乎？"

译文：

曾子说："我一天中多次反省自己，为别人办事不够尽心吗？与朋友交往不够诚实吗？老师传授的学业复习了吗？"

————————————

现在家中的小霸王很多，一到出现问题的时候，就会堂而皇之地将错误推卸给别人，每当我们想要落实教育的时候，他们就会叉着小腰，嘟囔着嘴巴说："不是我弄的，不是我的问题，要不是谁谁家的小谁那样对待我，我怎么会打他？""哪里是我的错啊，明明是这道题太难做了。""根本就不是我没有认真学习，是老师出的试卷太难了。"每当听到这些，想必作为家长的你鼻子都气歪了，但原因究竟出自哪里，谁给了他们说"不是我的错"的理由？谁教会了他们推卸问题的说辞，与其顺着他们不断地向外找原因，还不如就此把悬念拉回来内观自己，或许这样解决问题会更简单，更有效率。

回想一下吧，当孩子在床上刚刚学会爬，突然一个不小心，磕碰了床沿，一下子哭泣起来，作为家长，我们看到了第一反应是什么呢？据我观察，大多数家长会赶快把孩子抱起来说："哎呀，宝宝不哭了，磕碰了，很疼吧？哼，就是那该死的床沿，我打它，让它欺负我们宝宝。"听到这话，孩子慢慢就不哭了，他默默地看着这一切，明显感觉背后有人撑腰，这个时候他的潜意识就已经产生了一个概念："磕碰了，不是我的问题，是床沿的问题，在这个世界上，我没有任何错误，错误都是别人的。"

后来孩子学习走路，摔跤哭泣了，我们跟着他们训斥地面。孩子和小朋友之间产生了纠纷，永远都是别人的问题。孩子不小心把玩具弄坏了，那就是玩具不结实。孩子摔碎了花瓶，就说花瓶实在太重了。总而言之，我们始终都在强化着一个概念，"不是你的问题，是别人的问题。"本来是想给予孩子一个宽慰，却让他在意识中产生了错误的概念，从此他们也就开始信誓旦旦地说："我没有错，要错也是别人的错。"

由此类推，回到今天的场景，我想问问各位家长，过去的错是我们为孩子去辩解，现在的错是他们自己在为自己辩解，当你不习惯的时候，他们早已经将这种思维方式变成了习惯，而这种错误的逻辑，本身源于谁，又应该由谁去予以纠正呢？

这时候很多家长会说："我也曾经教育过孩子要做一个有担当的男子汉啊！"我也曾经引导过孩子："自己要对自己的错误负责任啊！"我也曾经跟他说："不可以伤害其他的小朋友啊！"可是他就是不听，为什么错误的逻辑他一听就会，正确的教育却怎么也装不进脑子呢？

其实不愿意承认错误，是一个人人性中存在的根本属性，但凡是人面对错误的时候，百分之八九十的人都不愿意承认，因为这将要使他们面临极大的不安和痛苦，同时很可能还会因为这种不甘而产生抗拒、焦虑、沮丧和自我否定。作为一个孩子，他所能明白的本就不多，当本性被彰显出来的时候，便会自然顺应意识的固化，倘若这个时候，他们的自然意识中已经形成了推卸责任的惯性，那么再想要重新根除，是非常困难的。

其实，想让孩子像君子一样三省吾身，最核心的事情，就是提前为他们打开思路，开辟正确的思维逻辑，而这个逻辑是需要我们从平常的小事做起的。下面设身处地，我先讲一个我自己与孩子相处的案例：

这天孩子开开心心地在游乐场玩，我就在不远处看着他。过一会儿，他好像跟身边的孩子发生了纠纷，两个孩子突然间开始上手，对方的家长把自己的孩子拉开了。儿子可怜兮兮地跑到我身边说："爸爸，我受伤了，头上流血了好疼。"

我看到他那股气势，很显然，是要我为他打抱不平，将所有责任推给别人才泄愤。尽管心里知道他的鬼主意，但是我表面上还是一个慈父的样子。蹲下来说："哇，宝宝头流血了，一定很疼，爸爸揉一揉，吹一吹。告诉爸爸，到底发生了什么事情啊？""爸爸，那个小朋友打我，我没打过他。"孩子愤愤地说。"哦，原来是这样啊！那小朋友为什么会打你呢？"我继续问道。"因为，我看他的玩具很好玩儿，就摸了摸，结果他生气了。"孩子说道。"哦，原来是这个原因，那以后怎样才不至于和小朋友发生这样的事情呢？""不去随便碰别人的东西了呗。"儿子一脸无奈地说。听到这儿，我心里觉得契机到了。摸摸孩子的头对他说："哎呀，我的儿子真了不起，已经能够觉悟到问题的根本了。儿子你真棒，能勇敢的承担问题中属于自己的责任了。"听到这些，儿子看我的眼神都不一样了，他停止了哭泣，然后默默地看着我，我慈祥地拍拍他的肩膀说："意识到问题就没有什么委屈的，好了，一切过去了，我们可以继续在游乐场玩儿了。"

这样的事情在我孩子的童年时光中，经常会遇到，而我，只是重复强化着一种思维逻辑，帮助他去不断地总结经验，与他探讨问题的责任和处理方法。慢慢的，我发现儿子在言行上有了很大的变化，他不再是那个出了问题就要告状的小孩，也不再堂而皇之地将错误归咎于别人。我只是让他知道，所有的事情都是相对的，所有的问题都有两面性，所有的伤害都是双方的，倘若自己没有问题，问题就绝对不会找上自己，仅仅一味地把所有的问题都推卸给别人，问题不但不会解决，还有可能深化出更多的困扰。

其实引导孩子很简单。不过就是在无形中成为他们意识的领路人，帮助他们有效地进行总结，而这个过程，不就是君子三省吾身的过程吗？倘若父母能够从小就给孩子装配上了君子的思维模式，他们的小灵魂必然会在生活的锤炼中，一点点蜕变成敢于自我担当的样子。这对一个孩子的灵魂教育而言，是非常重要的。

由此可见，想对孩子进行最正确的引领和教育，首先就要从他们的思维逻辑的建设开始，思维模式改变了，人生的格局才会发生变化，而这些变化，起初都是从我们与孩子共处的点滴小事开始的。或许此时你已经意识到，孩子的世界虽然单纯，但这段单纯时光中发生的所有事情都不是小事，这是他们自我成长模式中的一个重要阶段，倘若这个时候疏忽大意，便是我们作为家长最大的失职了！

赵中华老师语录：

1. 当孩子出现问题的时候，就是我们为人父母需要学习的时候。

2. 所有的问题都是相对的，从自己出发，才是解决问题的捷径。

3. 跟孩子吵架，不如带着他去总结，经验永远比指责更有价值。

忌妒：越来越觉得，孩子的忌妒心实在是太可怕了

家长问：前段时间无意中在孩子面前表扬了一个跟他年龄相仿的小朋友，结果他竟然生气了，没听几句转过头就走进屋子甩上了门，半天不跟我说话，后来见到那位小朋友的时候，总会发现他的表情不自然，对对方爱搭不理。有一次忍不住问他，他却喃喃地说："有什么了不起的，上次考试不就比我高了一分。"听了这话，我开始意识到他在忌妒，但直白地告诉他，可能又会伤害了他的自尊，面对这样的情况，作为父母，到底该怎样引导孩子呢？

老师答：关于忌妒，其最本质的原因在于一个人内在的不自信，源自他们自我世界的不具足，因为觉得对方拥有的是自己缺失的，所以才会产生这样莫名的负面情绪。但好在，所有的消极情绪背后，都存在着积极的意义。作为父母，我们可以和孩子一起针对这个问题进行分析，帮助他们从消极的自我意识中转化过来，让他们意识到自己的富足，这样忌妒的信念就会转变为良性的自我意识，再也不会牵着他们的灵魂走了。

原文：

忌妒生于利欲，而不生于贤美。

译文：

忌妒由贪图私利引起，品质高尚的人就不会忌妒别人。

现在孩子的课业都很紧张，在学校要比成绩，在家里也要拼学习，以至于小小年纪，就有了莫名的紧迫感，开始有一搭无一搭地与身边的人比较，一旦发现有谁比自己优秀，有谁更容易得到老师和爸妈的夸奖，内心就很难平复安定，以至于很多家长都惊讶地感慨："这么小的人，这么快就学会忌妒了呢？"

曾经有一个孩子告诉我说："赵老师你知道吗？那天我妈妈在我面前夸了一个小时的小磊，当时我的心伤透了，莫名的眼泪就掉了下来，一个晚上都没有睡觉，从此以后，我看到小磊心中就会莫名的烦躁，真的再也不想理他了。"我问他为什么呢？他的回答是："我感觉他让我成为了一个不受重视的孩子，他聚集了所有青睐的眼光，而站在他身边的我却什么都不是，那种感觉，您能理解吗？我试图很努力地想要去证明自己，但是身边的人还是视而不见，有一次我特别努力考了高分，我觉得这次我终于比过他了，可没想到老师公布成绩的时候，他还是第一名，我当时很不服气，找到老师说，我明明比他高了两分呢。可是老师却满不在乎地说：'这也不过是一次考试而已，较什么劲？你能像人家那样次次都是第一名吗？'原来是老师有意给他提了几分，为的就是保全他第一名的地位。这

23

么多人帮助他，而我却如此无助，我太讨厌他了，真的不想再看见他。"

听了孩子的话，我心中是很理解的，必定谁没有小时候，谁没有对别人的重视渴望过，当自己的努力依然换不回别人的认可，而身边的某某，却始终在鲜花和掌声中成长，那种被冷落的感觉，放到谁那里，谁都会难受。可是，倘若这种感受化身成为忌妒，让一个人因为这种莫名的负面反应而下意识的走极端，那它的破坏力可就严重多了。于是我轻轻地抚摸着孩子的头说："孩子，之所以你会因此而受伤，是因为你的世界里，存在着这样一个享受着优越感的他人的形象，一切的比较，都是由自心发起的，因为你心中比较的对象不是自己，所以才会感觉那么的痛苦，但是倘若此时，你能够把这个对象转变成自己，意识到自己在坚持过程中的进步，那么这种痛苦的感觉就会立即消失了。"

这个世界上，饱受忌妒之苦的人，不仅仅只有孩子，作为父母，我们多少都会告诉孩子："不要忌妒，要让自己的心胸宽广，要多去欣赏别人，多去改进自己。"但是每当听到这些话的时候，就会发现孩子总是一脸不耐烦的样子，好像这句话似一把锋刃的刀子，戳痛了他们的心灵。自古以来，忌妒就在无形地摧残着很多的人，如果没有忌妒，孙膑就不会被挖去膝盖骨，如果没有忌妒，扁鹊、华佗的医术便能流传至今。历史的教训告诉我们，忌妒这东西，伤害了别人的同时也在伤害自己，如果不是受到伤害，就不会有嗔恨，如果没有恨的感觉，就不会有极端的行为。如果没有极端行为，就能够拥有更定慧的自己，就人生的去向来说，也许这样的选择才是最平坦正向的。

那么究竟怎样才能有效地帮助孩子摆脱忌妒的阴影呢？针对这个问

题，身心灵大师奥修说过这样一句话："所谓的忌妒就是比较，如果你不要比较，忌妒就会消失。"孩子之所以会忌妒，是因为我们让他看到的只有他内在的缺失，我们始终在暗示他，别人比他优秀富足，以至于在那一刻，让他产生了深深的无助感和凄凉感，当这种负能量在他幼小的心灵中难以消解，他便会因此体味到忌妒给予他的困扰和伤害。所以，作为父母，与其说一些大道理，不如和孩子一起正视这个问题，我们可以对孩子说："每个人的生命都是圆满、强大而具足的，别人有别人的优秀，但是我们却可以在洞见别人优秀的同时，从内在开发自己的优秀，在你的内心世界中，真正陪伴你的只有你自己，我们可以学习别人，但无须去羡慕他，倘若今天的自己，比昨天的自己又强大了那么一点点，就证明你距离自己的胜利越来越近了。"

这个世界上，比自己优秀的人有很多，但倘若一个人能够从小学会向内挖掘，他便更容易在关照自己的过程中得到快乐。所谓的忌妒也好，羡慕也罢，潜在的心理无非是渴望自己能变得更完美一些，尽管他看起来，很负面很消极，却也能激发一个人积极的斗志。这或许就是很多父母为什么一定要在孩子面前大肆表扬别人的原因。但对于一个坚信自我富足的人来说，他并不需要这样变相的鼓励，与其让孩子在比较中受挫，不如提前让他们预知到自己内在力量的强大，他们可以不再把视角聚焦于别人的功过成败，而是更为轻松的活出自己，这种状态不需要伪装，也无所谓攀比，完全是自己真我的体现，而在这样教育氛围中长大的孩子，很可能会比在忌妒中自我崛起的孩子更能展现自己的天赋和才华。原因是什么？原因很简单，因为他们从来没有被忌妒束缚过，也从没在缺失中压抑过，他们始终相信自己是最优秀的，所以优秀就很自然地把他们引向成功了。

赵中华老师语录：

1. 忌妒的妻，首先是从自我缺失的假象开始的。

2. 坚信内心的富足，就不会在自我比较中伤痛。

3. 没有人愿意接受别人比自己优秀，但倘若没有了比较，内在的丰足就会足够让你快乐。

第二章

仁义不被物欲奴没，豁达安乐过人生

贪婪：永远想要更多，这样的贪婪怎么遏制

家长问： 现在的孩子实在太贪婪了，前段时间家里来了一个客人，孩子一看有人来，立刻兴冲冲地跑过去，客人连忙给他送上礼物，他看了看，然后一脸不屑地拿着东西回屋子了。事后我问他，怎么那么没礼貌，他却不以为然："才给这么一点点破礼物，怎么着也得再包一个红包才对嘛！"听了这话，真的很生气，怎么现在的孩子都那么贪婪？赵老师，面对孩子这样的行为，作为家长究竟应该怎么办呢？

老师答： 一个人有欲望很正常，但是倘若对欲望有了执念形成了贪婪，就很容易因此而饱受痛苦，所以在面对孩子教育这个问题的时候，家长一定要予以重视，既不能影响到他们积极进取的信念，又能维系好他们常足的内在，我们要告诉他们，贪婪会给一个人带来什么，要让他们知道其后果的严重和可怕。这样才不至于因为过度的索取而招致屈辱，才不至于因为过度的欲望，而给自己今后的人生带来祸患。

原文：

贪财而取危，贪权而取竭。

译文：

贪求财务招惹怨恨，贪求权势耗尽心力。

———————————

那天看了一个有意思的故事，说大雪纷飞的一天，一个著名的作家走在英国伦敦繁华的大街上，忽然看到一个孩子趴在井盖上哭泣，于是关切地走过去问："小伙子，到底怎么了？有什么能帮你的吗？"小男孩儿说："我妈妈出门的时候，给了我一分零钱，可是我不小心把它掉进井里了。我只有这一分钱的零花钱。"听到这话，作家关切地点点头，然后从钱包里拿出一分钱说："喏，你的一分钱回来了，这么可爱的孩子，怎能没有零花钱呢？"本以为就没事了，可是看到钱的小男孩儿还是哭泣。作家不解地问："钱回来了为什么还要哭泣呢？""如果我没有把那一分钱掉进井里，我就有两分钱了。"作家听了摇摇头，又从钱包里，拿出一分钱说："喏，两分钱也有了。"小男孩儿看了以后，还是很忧伤。作家问："为什么还要哭泣呢？""如果，如果我没有把钱掉进井里的话，我现在应该有三分钱了。"听到这话，作家站起身，什么话也没说就走开了。

有些时候，贪婪就是如此，它会把我们变成了一个无比可笑的人。本来一切都是丰足的，却因为贪婪而让自己的内心饱受折磨。这个世界上只有人祈求可以得到更多，没有人愿意自己因为各种原因越得越少。或许是因为我们原始大脑中存在着某种不安全感的记忆，所以总是渴望能够把更多的东西把握在自己手里，这样才能将内心的喜悦持续下去。但事实上，对于一个真正富有的人来说，那些别人不遗余力在追逐的东西，真的未必就是自己该有的东西。当一切看破了，释然了，就会突然间意识到，很多时候贪婪的追逐，多半带有着一定的盲目性，我们总是死死地抓着渴求的欲望不放，却从来没有真正意识到，欲望是这个世间最虚浮的东西，如若真的向内挖掘，就会发现自己什么也不缺。

就得到这件事而言，不同的人有不同的贪恋，而对于孩子而言，什么东西能够给他们带来快乐，那么他们就会很自然地对他产生贪恋，倘若这个时候，突然发生了一些变故，他们所贪恋的东西突然减少或是消失了，那么后续强大的痛苦就会占据他们幼小的灵魂，给他们带来无限的烦恼和困扰，很显然，这对于一个孩子的成长是相当不利的。

那么怎样才能有效地帮助孩子抑制贪婪呢？与其总是喊口号，不如利用一些有趣的故事或是精彩的行为艺术表达去传递自己的看法。以自家孩子为例，当我的孩子产生贪欲之心的时候，我是这样引导他的。

有一次带孩子到商场去买玩具，看到这个也喜欢，看到那个也喜欢，明明说好只能买一个玩具，结果他硬是挑了四五个，缠着我要买，我说："这么多玩具，你想要的太多了。"结果他满不在乎地说："这还多啊，我只是刚刚才拿了一点点而已，我想要的还有很多呢！""你为什么想要那么多呢？"我问。"我就是想要那么多，我想把玩具店里所有玩具都带回家去。"儿子无厘头地说。听了这话，我沉默片刻说："把玩具放下，咱们回家吧！"听到这话，儿子很失望，说："爸爸，您说好今天可以买玩具的。""但是爸爸说只能买一个，可是你的贪婪却想要更多，爸爸真的不能满足你。"我说道。"那……那就买一个好了。"儿子眼巴巴地看着我。

最终，儿子挑了一个玩具，低着头跟我走在了回家的路上。看着他有点狼狈的样子，我拉着他的手对他说："儿子，今天爸爸给你讲个故事好吗？""好啊！"一听有故事，儿子来了精神："爸爸，你要给我讲一个什么样的故事呢？"

"有一个小孩儿，船上放着财富、健康、智慧、成功、机会五样东西，突然在水中摆渡的时候遭遇了一些变故，船上只能留下一样东西，你觉得，这个小孩儿应该把哪四样东西抛弃呢？"我问道。"这些都很重要啊，没有一样可以抛弃的。"儿子说道，"我哪个都不想抛弃。""如果再加上玩具、快乐、时间，我猜你一定还会不停地往船上装呢！"我打趣他说："是啊，这些东西多好啊，如果他们都属于我，那我岂不是什么都不缺。""那你什么都舍不得放弃，只是一味地贪婪于眼前，只好跟着这些东西一起沉底死掉喽。"我说道，"船上留下一样东西。你有没有答案？""没有"。儿子低着头苦恼地说。

"傻孩子，只要能够从中得到一样东西，你就应该可以百分百的知足了。"我说道。"为什么呢？"孩子问。"很简单啊，爸爸随便找两个给你分析一下，倘若你选择智慧，智慧就带着你得到财富，得到健康，得到成就，得到你想得到的一切对不对？倘若你选择财富，就意味着你会成为一个什么都不缺的人，你的智慧是富足的，你的健康是富足的，你的金钱是富足的，你的机会是富足的，你手里的钱也是富足的，对不对？倘若你选择机会，那么机会就带你成就一切，你选择成功，那么你就会成功得到一切。你说得到其中一个是不是就应该知足？""哇，有道理啊！"孩子笑着说道。

"所以，人一定要懂得知足常乐，与其一味地向外去索取，不如好好珍惜眼前拥有的一切。"我摸摸孩子的小脑袋说道，"你看看你现在的贪欲，是不是就像沙子那样，你把它攥在手里，总想要得到更多，你越是抓得紧，越是会失去更多，但是倘若你能够下意识地享受自己所拥有的，那状态很可能就截然不同了。"听了我的话，儿子若有所悟，从那以后，很少再看到他贪婪的小嘴脸了。

对于贪婪这件事，很多孩子的惯性是，总将自己的视角瞥向别人拥有的，看到别人有，自己就也想有，不管这些东西自己是不是真的需要，总之就是想要马上抓在手里，这种贪婪的起始，很容易让他们的自我意识出现问题，让他们在一味的追逐中迷失了自我。作为父母，想要解决这个问题，就要告诉孩子其中的利害关系，让他们明白贪婪所造成的不良后果，引导他们用心地珍惜当下的拥有，而不是一味地将索取的目光转向外界，这样孩子就会在自我富足的美好氛围中快乐地成长，他会珍惜眼前的每一份拥有，最终有效维系内在的常足，从一个一切向外的人，回归于内在的真谛，而这就是对贪婪负面意识行为最好的节制了。

赵中华老师语录：

1. 不知道自己本来富足的人是最可悲的。

2. 贪婪总让我们的欲求更多，但越是向外渴求，越是在证明自己内在的空虚。

3. 总觉得自己拥有的不够，只能说明他是一个自卑感很严重的人。

利欲：突然有一天孩子对我说"这个世界上只有利益"

家长问：前段时间和孩子一起探讨人际关系问题，我问他现在身边有几个好朋友？他跟我说："他们都拿我当好朋友，我也跟他们很铁的样子，但是我心里从来没有把他们当朋友，换句话说我只是想利用一下他们而已。"听到这样的话，作为母亲，我的汗毛都立起来了，我惊讶地问他："你怎么会有这样的想法呢？"他却像个小大人一样对我说："有什么奇怪，妈妈，这个世界上，没有永久的友谊，只有永恒的利益。"面对这样的答案，你有什么看法吗？

老师答：这个世界上，人与人之间存在彼此利用的关系并不假，但是倘若人际关系中，人与人之间存续的仅仅只有利益关系，那就是另外一回事儿了。倘若一个人没有付出，或是每一份付出都抱着一定的目的性，那么未来他所生活的世界，将会被他自己设定为冷漠的、没有感情的世界。这很容易让一个人因此而丧失奋斗的勇气，因为此时，他的意识，乃至他所存续的空间中除了利益已经没有其他。在这样的状态下生活，一个成年人都受不了，更不用说孩子了。

原文：

子张问仁于孔子。孔子曰："能行五者于天下，为仁矣。"

"请问之。"

曰："恭、宽、信、敏、惠。恭则不侮，宽则得众，信则人任焉，敏则有功，惠则足以使人。"

译文：

子张向孔子问什么是仁。孔子说："能在世上实行五种品德，就可以说是仁了。"

子张说："请问是哪五种？"

孔子说："恭敬、宽厚、诚信、勤敏、慈惠。恭敬就不会受侮辱，宽厚就得民心，诚信就会得到别人的任用，勤敏就会工作有成就，慈惠就能够役使别人。"

　　现在很多孩子比大人还要现实，总是装成一副小大人的样子，讲起道理来也是一套一套的。其中最常见的事情，比如说父母让他倒垃圾，他会带着一副体面的小脸说："你利用了我倒垃圾，你说该付给我多少钱呢？我的劳动是有偿的，你不给我报酬，就是不珍惜我的劳动，那我就拒绝服务。"每当听到这样的话，父母心里就很不是滋味。曾经就有一位家长喃喃地抱怨说："我养你那么大，每天都为你服务，你给我什么了？现在竟然跟我说什么利用关系，这样的逻辑框架究竟是谁给的？倘若父母与孩子之间的关系都那么现实，未来他走向社会，面对朋友还能好到哪儿去？真的不知道该怎么教育他了。"

其实，社会上的一些习气，常常会让孩子无形中耳濡目染，平时家里谈论的话题，大人们之间交往的做派，都很可能成为他们模仿的对象。起初，他们很难分清哪些是有问题的，哪些是没问题的，只是觉得好玩儿，就堂而皇之地效仿了。基于这个问题，我进行了非常深入的观察，发现很多"现实理念"之所以会出现在孩子的身上，主要原因，还是在于我们的父母的功课没有做好。

举一个例子来说，我有一个学生，就跟我讲述了家中她爸爸的一件事：

那天我接到一个电话，说是问卷调查，电话对面的小姐姐声音很甜美，祈求我能够把爸爸找来，配合她完成自己的工作。于是我找来了爸爸，爸爸接了电话以后说："请问，接受问卷调查我能得到什么好处？你耽误我的时间是需要有偿支付的。"当时电话那头的小姐姐瞬间很尴尬，对爸爸说这次问卷调查是无偿的，但是她刚刚上岗，能不能帮助她完成这项工作。结果爸爸冷冷地说："对不起我没有时间。我跟你之间又不存在利益关系，我为什么要帮你呢？"说完就把电话挂了，嘴里还喃喃地说："这个世界，哪有那么多帮助，你不给钱，我也不认识你，我凭什么帮助你啊？"从那以后，我就开始无意识模仿爸爸，对待身边人的求助也不是那么热情了，每当别人向我求得帮助的时候，我也会随口说："那你能给我什么呢？"本来觉得这句话真的很酷，但是没过多久，就发现自己的朋友越来越少了。可我还是不以为然，因为爸爸都是如此，我这么做应该也错不到哪儿去，人与人之间，不存在利益关系，我凭什么帮助别人呢？

听了这话，我当时也是一身的冷汗，父母的一言一行，全都在孩子的眼皮子底下，她嘴上虽然不说，但是心里想什么，形成了什么样的思维惯性，你真的了解吗？说到这儿，我忍不住要提前给那些粗心的父母打一个预防针，就成年人的世界而言，它可能会含有一些冷漠的灰色成分，但至少在面对孩子的时候，还是要尽可能将这一切进行转化，让他们相信生活的美好，让他们的精神意志保持在正向的和谐中，这样孩子才会更像一个孩子，才不至于过早地对眼前的一切盲目判断。唯有让他们的灵魂长久保持在纯真良善的状态下，他们才有可能在今后的人生道路上寻觅到更多的幸福和快乐。

当然，倘若这个时候，孩子已经在潜意识中受到利欲心的影响，开始意识到对他人产生直白的利用心态，那么这个时候，最要紧的事情，就是亡羊补牢，帮助他们有效扭转错误的思维模式。我们应该告诉孩子，当一个人带着某种目的去接近一个人的时候，对方就会因为你直白的目的性产生防范，这样反而不能有效解决问题。但是倘若此时我们能够以善良的本性，不带目的地去与对方交往，源源不断地付出自己的帮助和爱心，那么对方就会因为你的善意而对你形成好感和依赖，将你划分到自己朋友的圈子。当你的朋友越来越多，你自心的能量就会越来越大，你会发现很多事情，自己没有想到别人就已经开始向你伸出援手，你会发现自己每天二十四小时都活在了有朋友的幸福状态中。这一切都不是简简单单的利用心就能实现的，你需要不断地投入自己的爱心和情感，因为这个世界所有人的灵魂中，唯一不会排斥的，就是一个人倾注在他人身上的爱，所有灵魂的初始，都是因爱而来的。

或许在你说这些话的时候，孩子会露出一知半解的神情，但这并不代表着，这一切没有深入他们的意识，成为他们认真思考的一部分。当一个人，全然的奉献出自己的爱，甘心情愿无偿地帮助别人，那么别人对他无偿的关爱也就在这一刻进入了他们的生活。我们必须要告诉孩子，想要别人怎样对待自己，就要怎样用心对待别人。每个人都是有智慧的，所以不要自作聪明，当一个人不再用利欲的视角看待世界的时候，这个世界才能在他们的意识中倾注善意，每个孩子都值得拥有一个绚烂的未来，而就当下的路来说，作为父母，还是让我们先来帮助他们奠定自我三观的基础吧！

赵中华老师语录：

1. 以利欲心看天下，很可能下一秒，你很可能就会被天下唾弃。

2. 这个世界上最伟大的利益，就是人与人之间爱的呈现。

3. 如果你的付出永远带着目的性，那么你的目的性会很快被别人看穿。

自我：除了自己的事，其他的一概不重要

家长问：前段时间和小家伙一起出去玩儿，不小心扭伤了脚，痛得快要走不动路了。我对孩子说："你看妈妈受伤了，走不动了，要不咱们回家吧！""不，我还没玩儿够。"孩子一脸不满意地说，"妈妈带我去水上划船。"当时我心里一阵伤感一阵愤怒，不知道该怎么形容内心的情绪，为什么此时自己心爱的孩子，心中只有自己，除了自己的事情，其他的一概都不重要？我知道，作为父母，我是有责任的，要想解决这个问题，究竟该如何引导他呢？

老师答：很多孩子之所以心中只有自己，源自从小到大，所有人都把他看作是最重要的，因为一向觉得自己重要，所以内心的小我始终在爆棚，导致他们一切都以自己为中心，从来不会主动觉察别人的需要，这样的情况在很多成年人身上一样存在，主要原因就在于原始家庭不当的熏陶和暗示，导致他们失去了关心别人的能力，因为不会关心别人，所以很容易造成自我孤立，这就是为什么有些人会在成熟以后，莫名陷入关系被动的原因。

原文：

孔子曰："不知命，无以为君子也；不知礼，无以为立也；不知言，无以知人也。"

译文：

孔子说："不懂得命运，无法成为一个君子；不懂得礼，无法立足于社会；不懂得分析别人的言语，无法了解别人。"

有一次和一个刚刚考上名牌大学的年轻人聊天，在聊天中他说自己的妈妈得了白血病，需要骨髓移植，而他顺理成章地就成为了那个需要穿刺捐骨髓的对象。可是他对于这件事很焦虑，始终在担心自己的身体，这让我倍感意外，一个如此健壮的小伙子，救母亲的命本来是义不容辞的事情，怎么内心中对自己的利益如此看重呢？之后他说了很多自己对未来的人生规划，但是对母亲的事情只字不提。于是我转过话题问他："你为什么不多谈谈妈妈的事情呢？""有什么好谈的，她现在在医院，骨髓移植也成功了。可是我现在想起来就苦闷，这种骨髓移植不是一次就完了的，需要延续她一生，也就是说我需要源源不断地提供骨髓养着她才行，可是这样的状态我真的吃得消吗？我的人生才刚刚开始，我有那么多的计划还没完成，我以后还要工作，成家立业，我真的不知道这样的身体折磨要到什么时候才能结束。"

听了这样的话，我一时间沉默了，作为一个旁观者，我不想去指责什么，但心中还是有自己的看法的。我在想，倘若这个时候，躺在病床上的是他自己，命悬一线的抉择面前，作为父母，恐怕不会有这样的犹豫吧。这就是当下家长教育中一个非常难以攻克的漏洞，我们总是把孩子看成是生命中最重要的，可是孩子在接受到这个信息的时候，潜意识中的那个自我便开始不断升华，他们始终被暗示："孩子的事情才是最重要的，我们的事情不用你操心。"以至于最终，他们无形的在意识中接受了一切，开始去相信，开始去认同，开始对自己说，天下的事情，别人的事情，都没有我自己的事情重要。

想想吧，在教育孩子的过程中，你究竟说了哪些不该说的话？你对孩子说："家里的事情什么都不要你操心，好好抓紧你的学习，爸爸妈妈吃苦受累，只要你长大了有出息就行。""不要做家务了，这些事情都不用你做，快去学习吧，你的人生都在这里面呢。""今天做了你最喜欢吃的红烧肉，爸爸妈妈少吃，你要多吃一点。"显然，你让孩子从小就有了这样自我优越的惯性，以至于他们顺理成章地觉得，一切都是想当然应该接受的。而我要做的，只是努力地去做自己想做的事情，其他的事情根本就不是我的事情。

所以，最终的结果是什么呢？孩子把别人的付出看成是天经地义，把自己的事情看成是不可侵犯。只要什么事情触动了自己的利益，就想当然地让对方让步，因为在他的意识里，所有的人本来就是应该为自己服务的。试想一下，倘若我们的孩子，长大成人，始终以这样的方式面对别人，面对社会，甚至对待家人，他的人生将会遇到怎样的难题，而失去了父母协助的他，真的就能闯关成功吗？

前段时间，听到一个非常经典的话："社会不是你家，没有人哄着你让着你。"面对社会的现实，倘若心中只有自己，便没有朋友，没有朋友，便无所谓天下，每天抱着自己的利益前行，从来没有意识到别人的需求，那别人又为什么一定要去刻意考虑你的需要呢？对于孩子的成长而言，父母的爱是有限的，即便现在他们可以在我们的臂弯下无忧无虑地成长，但是倘若心里始终没有别人，不懂得给予，即便是之后，成绩出色，考上了名牌大学，有了很好的工作前景，等待他的痛苦磕碰一定不会少，原因就在于他们对别人的需求感知力是有限的，他们对别人的爱和关心是有限的，他们无法在付出中寻觅到快乐，在他们的格局中，除了自己的价值以外，从来都看不到别的，这便是一种自我人格的缺失，一旦成为定式，想要重新推倒重来，几乎是不可能的。

所以想想自己在孩子成长的过程中所扮演的角色，我们是不是把自己的定位设计得过于强悍，让孩子觉得只要身边有这样能干的父母，自己除了个人利益以外，其他的什么都不用去考虑？我们从来没有求得他的关心，从来没有求得他的感恩，但等到我们想要收获果实的时候，却发现等待自己的除了失落什么都没有。当自己生病的时候，喝不上孩子端来的一口水，当自己需要分担的时候，他却说自己的事情还没忙完。当自己需要安慰的时候，他只是懒懒地说："好困，爸妈我睡了。"这才发现他已经习惯了在你说出需求的时候提前离场，每当你需要他的时候，他很少会第一时间心甘情愿地出现在你面前。而真正导致这一切的不是别人，就是我们自己的教育模式出现了问题。

那么究竟该怎样解决这个问题呢？我的看法很简单，与其等到老了的时候，才下意识地说明自己的诉求，不如现在及时示弱，反过来引导孩子来照顾自己。我们可以对孩子说："宝贝，外面的世界很大，爸爸妈妈也不是全能的，我们每天用心地照顾你，但同时我们也需要你的关心，我们需要彼此源源不断的传递爱的力量，这样才有信心能将生活过得更好。"我们可以下意识地针对一些问题，向孩子求助，听听他们的意见，然后带着一种幸福的表情说："哇，我的宝贝好棒，这么小就开始帮助爸妈解决问题了。"每当你说出这样话的时候，孩子对他人的感知力就会顺势被激发出来，当这种感知赢得了父母的鼓励，他们就会源源不断地强化孩子的付出意识，他们会开始意识到，原来在这个世界上，除了自己的事情，别人的事情也很重要，人生中最快乐的事，就是让身边人因自己的存在而幸福，如果一个孩子能够从小意识到这一点，他的内心就会不断地向他人投射关心，他的世界格局会自然而然地脱离小我，变得更包容，更宽广，更富有爱的感知力。

　　就人生而言，即便你真的很强大，也很难靠着一己之力获得成功，但倘若你能够奉献自己的爱心，对他人的需求自然地保持关切，便会自然而然地从中获得助力，当一个人把别人的事情当成是自己的事情，便会在这种投入中源源不断地获得快乐。与其日后抱着孤立的自己，一路前行，不如从现在开始，教会孩子如何在付出中寻觅幸福，这将是他们受用终生的一课，而这一课，再也没有比父母去直接引导更合适的了。

　　赵中华老师语录：

1.心中有小我，无以成大我。

2.一个只对自己事情保持关切的人，已经没有空间再去关照别人了。

3.与其盲目的强悍，不如成为孩子眼中那个永远需要他照顾关怀的人。

窃喜：别人犯错，他竟然在那里幸灾乐祸

家长问： 最近发现孩子有一个特别不堪的坏毛病，那就是看到别人出问题，自己会幸灾乐祸。有一次老师将他的一个朋友留下来训话，他竟然超级兴奋地跑到我面前说："妈妈妈妈，你知道吗，小超被老师留下了，这下他可倒了霉了，据说还要请家长呢！""那你为什么那么开心呢？"我问道。"我开心啊，他活该啊，明天正好看看他的笑话，让他前两天那么神气。"听到这话，我顿时皱起眉来，心里莫名的多了一丝忧虑，对于这样的问题，老师有什么引导的方法呢？

老师答： 孩子看着别人幸灾乐祸，首要原因在于，他们的内心深处充斥着某种自卑的阴影，因为意识中总觉得对方的优势自己难以超越，所以才会在他倒霉的时候，莫名的产生喜悦感。这种感觉就好像心中竞争的对象，终于被从神坛上拉下来，而这时候的自己，终于可以好好体验一下高于他的优越感了。这种内在标的的失衡，最终导致了他们言行上的失态，想要解决这个问题，就要好好培育他们的平等心，舒展他们人与人之间的平衡意识，这样才能有效促成他们对于他人的诚恳，摒弃看人笑话的恶劣习气。

原文：

子曰："先事后得，非崇德与？攻其恶，无攻人之恶，非修慝与？一朝之忿，忘其身，以及其亲，非惑与？"

译文：

孔子说："先付出努力然后收获，不就提高品德了吗？整治自己的坏毛病，不去批判别人的坏毛病，不就消除了比人心中的怨恨了吗？由于一时的愤怒，就忘记了自己，甚至连父母都不管了，这不是就是糊涂吗？"

前段时间看留言，有个家长给我写了好长的一个段落，我隐隐地感觉到了他内心的焦虑，他说最近孩子出现了一些让自己困扰的意识细节，而自己却对这一切束手无策，不知道怎样更好地帮助孩子。

赵老师：你好！

这段时间我一直在反思自己，是不是自己成年人的意识问题无形地影响到了自己的孩子。他现在还这么小，在自我认识上那么的薄弱，却已经显露出了一些心理的阴暗面。那天带他出去玩儿，别的孩子跑在他前面，突然间摔了一跤，坐在地上哭了起来。我本想鼓励孩子上前去搀扶他，可没想到孩子却突然狂笑起来，好像看到了一件非常有意思的事儿。我拉着孩子问："看到别人倒霉真的那么好笑吗？"他喃喃地说："我也曾摔过啊，想不到这一次轮到别人了。"听到这话，我一时之间不知道该说什么好。只是觉得这样的表现发生在一个涉世未深的孩子身上，实在是太不可思议了。

回家以后，我将今天发生的事情告诉了爱人，她也是很惊讶，觉得小小的孩子怎么会有这样的心理表现？她说："会不会咱们平时说了什么影响到了他呢？"听到这话，我脑袋嗡的一下，想到自己工作期间也曾经存在过这样的心理，觉得很忏悔。可是对于孩子，他哪懂得其中的厉害，我希望他是单纯的，希望他有一个天真无邪的心灵，而面对当下的隐患，作为父母，我们究竟应该为孩子做些什么呢？

看到家长的留言，同样为人父母，我自然也有一番感慨。很多时候，孩子之所以会出现一些让我们无比惊讶的举动，其根本原因在于，他看待外界的潜意识在源源不断的发生变化，幼年是孩子德育教育的塑造期，我们需要将一些正确的理念通过爱的方式传导给孩子，这样才能有效地帮助孩子塑造正确的人生观，帮助他们更健康更快乐地成长。

对于孩子幸灾乐祸这件事，除了要从自己身上找原因外，最重要的核心还是要找到切实有效的引导方法，让孩子在自己的引导下意识到问题的严重，从而有效地将内心不良的信念消解掉，这样才算是真正意义上的帮助到了孩子。拿自家孩子做案例，同样的问题，我是这样引导孩子的。

有一天孩子从幼儿园回来，一脸窃喜地说："爸爸爸爸，你知道吗？一直总爱欺负人的那个大块头丁丁，今天被老师罚站了半个小时，哼，看他还神气，今天可以说是我上幼儿园以来最开心的一天了。"

听到这话，我皱起眉头说："别人倒霉，你就这么开心啊，儿子。""他活该！"儿子满不在乎地说，"我就是很开心。"听到这话，我放下手中的书，决定跟这小子好好谈谈。于是把他拉过来坐在沙发上说："爸爸问你，丁丁和你是什么关系啊？""同学啊！"儿子说道。"你觉得你现在的状态比他优越吗？"我半严肃地问道。"也算不上优越吧！"儿子说。"对，你跟他始终都是平等的关系，如果有一天你犯了错误，别人也这么在暗中窃喜，你觉得你能接受嘛？"我问道。"这……但是……"眼看着儿子词儿穷，我接着说道："儿子，幼儿园里的所有同学都跟你是平等关系，这个世界上所有的生命都不分贵贱的，如果看到别人痛苦自己开心，那么等同于在别人的痛苦上又加了一块石头，这样的人，谁还愿意跟他做朋友？""那……那他就是犯错误了呀！又不是我让他犯错误的。"儿子反击道。"不是说别人犯错了是你的责任，而是要你切实的摆明自己的态度。这个世界上，每个人都会犯错误，而你秉持着刚才的态度，也是一种错误，不是吗？""那……那好吧！"儿子皱着眉头一声不吭了。

看着他困扰的样子，我拉过他的小手拍了拍说："想知道正确的处理态度吗？""什么？"儿子问道。"这个世界上，所有的人都是自己的老师，不管在别人的人生中，出现了什么，仔细地去思考，都可以从中获得很多东西，别人的成功是我们可以借鉴的，而别人的错误同样也是值得我们思考的。这个时候你该做的不是窃喜，而是要好好想想，同样的问题，发生在自己身上，自己又该怎样处理，怎样才不至于跟他犯同样的错误。秉持着这样的信念，儿子，你的人生格局就大了。"听了这话，儿子的眼睛突然亮了起来，这个陋习从此就在他的世界里消失了。

之后的生活中，我也曾听他说过谁谁在学校出现了什么问题，但我马上就会问他："那儿子，你从中学到了什么呢？"每到这个时候，他都会给我积极的反馈，直到有一天他说："爸爸，我突然觉得，我跟同学之间的关系越来越平等了，他们说跟我交往没有压力，因为只有我，在他们出现问题的时候，从来不看他们的笑话。"

改变很可能就是生命中的一瞬，当一个人接收到了正确的信念，并将这种信念快速地融入内心，当他开始下意识用更完美的意识更新自己的头脑，或许在第二天，别人所看到的他，就是一个截然不同的自己。现在的孩子，正是自我意识塑造的最佳阶段，我们不要害怕他会在生活的过程中，出现问题和错误，而是应该因自己提前看到了问题所在而欣喜，此时的你，就是他们灵魂中最值得依靠的导师，我们只需要告诉他们方法在哪里，只需要引着他们拓宽自我的思路和格局，或许就在明天，你就能见证一个孩子蜕变后的成果，并在他们的转变中，源源不断地获得感动、惊喜和成就感。

赵中华老师语录：

1.人生最宝贵的东西，往往是我们从过错中不断学习和增长经验。

2.如果因为别人的过失而窃喜，便是将自己融入了更大的过错里。

3.不要因为别人的失利而让自己体现出一种傲慢的优越感。

是非：传闲话，挑拨离间说是非，这是什么心理

家长问：最近发现孩子有一个坏毛病，到现在谈起来，依然令自己生气不已。前段时间，我妈妈老帮我带孩子，结果这坏小孩在大人之间传闲话挑拨离间，搞得大人之间很不和谐。看到这样的事情，我就问他："你到底还想裹什么乱子？"结果他竟然喃喃地说："怕了吧，你要敢打我，我就告我姥姥去。"听了这话，我真的气不打一处来，小小年纪，就有了这样的心理，对于这样的状况，我到底该怎么处理呢？

老师答：人之所以会出现说是非的行为，主要原因就在于，他的内心想要得到足够的重视。而这种被重视感，始终没有达到自己的预期，所以才会以滋生事端这样的行为去引起他人的注意。这在孩子的心理特征中是极其常见的。面对这样的事，最有效的方法就是团结家人一起对抗这种行为。当孩子下意识地说是非时，如果所有的家庭成员都能秉持沉默的态度，暗示他这是一种无聊的行为，那么时间长了，没有空子可钻，他自己就会意识到问题的所在，这时候再去加以引导教育，就会更轻松，更容易了。

原文：

子曰："君子成人之美，不成人之恶，小人反是。"

译文：

孔子说："君子成全别人的好事，不促成别人的坏事，小人与这相反。"

那天和朋友一起吃饭，朋友就开始跟我抱怨现在小孩之间关系的复杂。我当时感觉很诧异，都说孩子的世界是最单纯的，怎么会用复杂来形容呢？朋友告诉我说："我女儿的学校啊，现在孩子与孩子之间各自有各自的地盘，而且地盘与地盘之间还存在斗争，这一点老师都知道，但是没法管。有些孩子，就开始在地盘之间做文章，相互探听虚实，挑拨离间，那种攻心斗的劲头啊，不知道跟哪儿学的，快顶上《甄嬛传》了。"听了这话，我更诧异了，倘若孩子小小年纪，就开始存在这样的心理，那长大以后的内在健康绝对是成问题了。

很多家长都经历过孩子多嘴多舌挑拨离间的事情，起初很多人没有在意，觉得孩子就是淘气，但到后来，他们越来越发现问题没有这么简单，这种由内而外表现出来的行为，似乎存在着某种意识和心理的缺失，但究竟到底缺失了什么，很多父母都是看不清楚的。

单从心理学角度来看，很多孩子之所以会有这种行为，原因是多方面的，其中最重要的一个原因就在于他们渴望得到足够的重视，渴望能够在大家面前进行自我表现，他们特别希望成为别人眼中非常重要的人，但是到目前为止，这种愿望始终没有达成。时间久了，就促成了内在的不安，最终导致了后续一系列的行动。其主要目的不过是引起别人的注意，让别人意识到自己的存在，尽管这种行为是负面的，但在达到效果的时候，还是会引起他们内心的兴奋，随后所带来的就是一种自我的满足，这时候有些孩子会觉得，自己是最聪明的，最有能力的，可以把所有人调动的团团转，有些孩子则认为，这一次自己非常完美地展现了自我，别人终于通过这件事，关注到自己了。总而言之，这样病态的思维意识，会最终影响到他们内在的健康发展，让他们在潜意识中，形成某种消极阴暗的负能量。

对于挑拨离间这件事，古往今来，我们的传统教育是嗤之以鼻的，孔子就说过："君子成人之美，不成人之恶，小人反是。"说的是一个人一定要摒弃人性中挑拨离间的负面作用，让自己的内心保持清净，用积极的正念思想和行为去影响别人，这样才能成就正人君子的作为。对于孩子的教育，也是如此，我们首先要让他能意识到，这样的举动，会给自己的未来带来怎样的隐患，同时也要以自己的行为对他们的错误动机进行抑制，从根本出发，消除他们意识中阴暗侥幸的部分，这样才能有效地引导他们重新步入正轨。很多朋友可能会说："赵老师，你是不是把问题说得过于严重了？"但我想说的是，如若现在作为父母的你，不及时采取措施，后果很可能比我说出来的还要严重。

我们都曾经听说过张仪苏秦的故事，当年的苏秦挂六国相印，将六国统一起来，一起对抗秦国。而张仪却运用了挑拨离间的方法，让六国不再团结，从而为秦国逐个击破他们立下了汗马功劳。单单一个挑拨离间，就能让国攻打国，人与人之间从此不再信任，多少人会因此而遭遇祸患，又有多少人内心无法消解内心的愤恨呢？张仪和苏秦当时不知道天下有多少人想要除之而后快。原因就在于，他们离间的智慧，实在是太狠，太容易造成痛苦了。尽管不是君子所为，但被利用起来杀伤力是非常巨大的。如果一个人的道德水准不高，就堂而皇之地乱用一气，那么很可能在伤害了别人的同时，也伤害了他们自己。

所以对于孩子的教育，首当其冲，就要灭掉他们的是非心，要快速地消解他们对这种行为的欲望，让他们自觉地将这种意识在自我的世界中摒弃。那么有什么好办法可以有效地解决这个问题呢？看看我亲身指导的一个案例，或许能够对你有所帮助：

这天一个朋友没好气地找到我说："我家的孩子总是说闲话挑拨离间，最近我和他妈总是因为他的事情吵架。我发现他别的本事没学会，坏主意却长了不少，把聪明全用到这儿了，真不知道该怎么办。"

听了他的话，我说："别急啊，我有办法。"他听了以后转过头问："你有什么办法？"我说："那得你跟你爱人一起配合才行。"于是我小声地将秘诀传授给他，他听了以后，便信誓旦旦地说："听了你的计策，我心里终于有谱了。"

这天回家，孩子又犯了离间是非的毛病，这次夫妻两个人听了以后，全部沉默，到了吃晚饭的时候，两个人对孩子也是一句话没有，只是单向的彼此互动。孩子一边吃饭，一边观察情况，觉得好像是出了问题，却不知道该怎样应对。后来到了晚上看电视，孩子想看动画片，爸爸却对妈妈说，你说咱们是不是应该看看教育新闻，看看现在爱说是非的孩子究竟应该怎样教育。

听了这话，孩子大叫起来："你们不就是说我吗？我错了，行了吧。"说完就蹲在地上哭起来，这时候朋友转过身说："现在知道错了？你知道这样的行为有多么无聊吗？这个世界最让人厌恶的就是说是非的人。倘若你不能以一颗坦诚的心去面对身边的人，别人又怎能真诚地对待你呢？与其到了那时候让全世界的人都不理你，还不如我们现在就不理你算了。"听了这话，孩子低下了头，从此以后，再也不乱嚼舌头了。

想让孩子接受正确引导，就要看清他们背后的心理动机究竟是什么。我们要让他能够意识到单靠这种负向的方式是很难达到预期目的的，我们要让他们明白，妄图以是非心成就的目标，很可能会给自己带来怎样严重的后果，我们要让他知道，这一举动的无知和无聊，这样才能抑制住他们继续行为的兴趣，从潜意识中彻底根除坏习气，让孩子端正自己的意识态度，从此不敢再有类似的侥幸心理。

父母是孩子生命中的朋友，同时也是他们来到世界的第一个老师，我们需要及时亮明自己的原则，同时也要把孩子培育成一个有原则的人。唯有及时根除他们内在不良的动机和隐患，才能帮助他们更健康的成长，或许有一天他们长大了，一个人在外面打天下，每当回忆起那段童年的历程，也会心暗自庆幸，那时候的老爸老妈实在太明智了。

赵中华老师语录：

1. 用是非心引起别人的注意，别人只能注意到你的无趣和无聊。

2. 秉持沉默，做一个有原则的人，才能有效地将是非剥离开你的世界。

3. 与讲是非的人划清界限，是一个人最富智慧的选择。

第三章

诚信让孩子在自我兑现中长大

无责：天天"放人鸽子"，说好的事情转眼就忘

家长问：我的孩子有一个最让我难以忍受的毛病，就是说话好像眼前的一阵风，信誓旦旦地说，过一会儿的工夫就全被吹得一干二净。对于答应别人的事，常常是"放鸽子"，明明约定好的事情，等到你问他的时候，他总是一脸茫然地说："是吗，我说过这样的话吗？我怎么不记得了？"这样的出尔反尔，对自己的承诺不计后果的行为，我真的不知道怎么引导他，有一次我跟他说一个人的诚信是很重要的，可他却说："我只是随便说说，真的有那么严重吗？"

老师答：对于诚信这件事，首先要让孩子看到其中的价值。经常"放鸽子"，是因为他的世界中从来没有把别人对自己的期许放在眼里，对自己说出的话，也不存在任何的责任心。所以，才会信口承诺，随意"放别人鸽子"。这一点源自父母对他们的过度包容，从小就没有让他们意识到说到就要做到的重要性，也从来没有让他们真正体验过失信所要承担的后果。所以才会出现现在的问题，才会让他们对自己的言谈如此不负责任。

原文：

子曰："人而无信，不知其可也。大车无輗，小车无軏，其何以行之哉？"

译文：

孔子说："作为一个人，却不讲信用，我不知道那怎么行得通！这就像大车上缺少輗，小车上缺少軏，这车怎么能走呢？"

前段时间遇到一个妈妈，她告诉我，现在的孩子越来越没谱了，本来说好的事情，从来不当真，到处"放人鸽子"，前段时间自己的孩子就出现了这样的问题，和同学说得好好的，第二天一起去游乐园玩儿，结果人家小朋友早早地在楼下等，他却在睡觉。后来小朋友等不及了，给家里打来电话说："阿姨，东东跟我说，今天去游乐园玩儿的，他怎么现在都没下来啊。"我才知道有这回事儿，忙去问孩子怎么还不起来，可没想到得到的答复却是："我不想去了，就这么简单。"然后转过头继续睡觉。我当时就觉得来气，怎么可以随便"放人鸽子"呢？于是把他拍起来让他赶紧下楼，他还一脸不乐意，好像这世界上所有的人都欠他的。看到他那副样子啊，心里就想，现在孩子还小，倘若这种"放鸽子"的毛病成为习惯，长大了以后可怎么好？别人一次相信你，两次原谅你，三次说不定就要开始惩罚你了。到时候真出了问题，回来再找父母，我们也管不了啊。从小就不守诚信，把所有的事情都不当一回事儿，简直是愁死我了。

听到他的抱怨，我频频点头，现在很多孩子都是这样，明明说好的事情，第二天就忘得一干二净，你问他为什么没有去做，他还会跟你打马虎眼说："有这回事儿吗？"之所以会出现这样的问题，主要原因在于，当下的孩子始终都是在极具包容力的家庭氛围中长大，很多时候，自己出现了问题，父母总是以宽恕的方式去善待他们，以至于让他们觉得，自己不管做了什么事情，到最后都会得到他人的谅解，也就因此渐渐拿别人的事情不当回事儿了。与此同时，很多问题也出现在我们大人自己的身上，明明答应孩子的事情，转眼间就忘了，明明承诺孩子考试一百分就吃一顿肯德基，到了关键时候却退缩了。虽然这些都是家庭琐事，算不得什么大问题，但是对于孩子而言，倘若父母"放自己鸽子"自己必须全然的包容原谅，那么自己"放别人鸽子"也理所应当获得这样的待遇吧。

有一次我就跟一个孩子聊天说："告诉我，你为什么总'放别人鸽子'？"他说："其实也没什么，当时只是随便说说，说完了就忘了，也没有过脑子，想不到对方竟然当真了。赵老师，这不是很平常的一件事吗？我爸爸妈妈经常跟身边的朋友说：'明天来家吃饭吧，包饺子。'可是到后来谁也没有来我们家做客。当时我就觉得，很多说说而已的事情，大家都是心照不宣的，他当真是他的事情，而我随便说说，他误会了，是理所当然可以谅解我的。"我听了以后摇摇头说："你这个思路有问题啊，倘若只是随便说说，你就是在某种程度上误导对方，一旦对方当真了，你的承诺就等于在他的心里生效了，这就好像一张口头达成的合同协议，你既然说了，就要做到啊，如果知道自己做不到，那最好的方式就是管住自己的嘴巴，不要信口的承诺，否则会给自己带来很大麻烦的。"

看着我一脸坚持的样子，这个孩子脸上也是一脸过不去的表情，他对我说："世界上哪有那么多承诺啊，很多都是随便说说的，倘若一切都要当真，那干脆不要说话好了。我身边的朋友也是经常这样说啊，我从来不当真，我爸爸妈妈也经常'放我鸽子'啊，我还不是要原谅他们，所以我觉得，我那些只是说说而已的事情，真的也没那么过分吧。"我听了以后，对他说："当别人'放你鸽子'的时候，就在那一刹那你的心理反应是什么？你脑子里的第一个想法是什么？"他想了想说："肯定是不特别高兴啊，觉得这个人真没劲。""还是啊，你既然体验了这样的心情，又为什么要将这种状态传播给别人呢？难不成你已经对这种感受产生了某种不一样的心理活动，想要下意识的变向报复，让更多的人，对你乃至对身边的所有人产生不信任吗？"听到这样的话，孩子低下头什么也不说了。

其实就"放鸽子"这件事，其中的心理演变是很微妙的，今天你欺骗了我，让我的计划落空，明天我就要以同样的方式来对待你，让你也知道计划落空究竟是什么感觉，于是这个世界就莫名地形成了一种风气，一种互不信任互相欺骗的气场，在这个气场中，不要说孩子，就连大人都会顺势自我迷失，有一天忽然意识到，内心中的某种最珍贵的东西不见了，我们开始怀疑别人的真诚，开始拿身边人的事情不当回事儿，开始随便地找借口，开始一而再再而三地自我错过，在这个过程中，人不但可能失去生命中最真挚的友谊，还可能因此失去很多机会，越是走到成年，我们越会意识到诚信的重要性，倘若孩子从小就没有对此养成习惯，那么越到后面，越会有麻烦找到他们。

说到这儿，很多家长一定会迫不及待地问，那赵老师，我们应该怎样有效地帮助孩子呢？其实论技术，只需要做到两条，就足以让他们改正自己的陋习。

第一，自己要起表率带头作用

很多父母工作忙，忙到最后，许诺孩子的事情没有做到，等到孩子追问的时候，就会有一系列的理由推脱，推脱不过去了，干脆发一通脾气震慑住他，这样好像一切就都过去了。但事实上，这样的方式对孩子的教育是很不利的。倘若有一天你发现孩子在"放鸽子"，想要好好引导教育的时候，他们或许会板起小脸反驳道："你那天不是也一样'放我鸽子'吗？"试想一下，倘若在这件事上让孩子抓住了小辫，即便是自己再有精妙的口才也会哑口无言吧。

第二，适时地实行惩罚措施

之所以要惩罚，并不是说要给孩子带来多大的痛苦。而是要让他们知道，在未来的人生中，一个不守诚信的人，必然会因此失去生命中最宝贵的东西，我们可以暂时保管他们心爱的玩具，或是取消一项本来跟他们约定好的出游活动，告诉他，如果下次再有这样的事情，很可能会因此而失去更多，这样在无形中将这个概念强化给了孩子，让他们意识到，倘若自己再这样草率地轻诺寡信，所要承担的后果是很严重的。

总之，对待孩子，与其天天摆事实讲道理，说一些他们听也不爱听，想也想不明白的话，不如身体力行，用一些最简单的行为模式，去强化他们的自我意识，告诉他们如何信守个人原则，如何承担起自己本应承担起的责任，这才是孩子道德教育的核心基础，唯有把这个基础打牢了，孩子的未来才会因此而更加精彩，而作为父母的我们才没有辱没了自己作为父母的使命啊。

赵中华老师语录：

1. 今天"放别人鸽子"，明天世界"放你的鸽子"。

2. 社会很现实，不是什么事情都能宽恕包容你。

3. 把失信的痛传播给别人，换来的只能是伤痕累累的人生。

自欺：刚刚许下承诺，没两个小时就忘了

家长问： 我家的孩子什么都好，就是没长性，今天信誓旦旦地答应你"我一定要……我一定会……"不到两个小时，就把一切忘得一干二净，你问他的时候，他会突然间顿悟一般，然后再信誓旦旦地许下承诺，之后还是三分钟的热乎气。每次看到他那个样子，总是无奈，这不是自我欺骗吗？这样的耐力，长大以后怎么能成事？老师，作为父母，我们究竟该怎么办呢？

老师答： 告诉孩子承诺在一个人人生中的分量，一句话倘若要以承诺的方式表现出来，那么这表明，一个人已经决定要对之后的一切担负起责任。承诺不是普通的一句话，它起始于内在的决心，绝不仅仅只有下决心那么简单。这一点需要父母给孩子做出表率，所谓言出必行，但凡把话说出去了，就一定要落实到位，这样才能成就想成就的，拥有想拥有的，成为别人认可和尊重的对象。

原文：

子欲居九夷。或曰："陋，如之何？"子曰："君子居之，何陋之有？"

译文：

孔子想移居到九夷去居住。有人说："那里实在太简陋了。去那里怎么生活呢？"孔子说："君子居住在那里，怎么会简陋呢？"

————————————

惰性是每个人身上都具备的弊病，别说是孩子，就成年人来说，这样的困扰同样存在。今天信誓旦旦地说要减肥，结果家里炒了几个好菜，便就此动摇，对自己说："那就明天再进行计划吧！"明明说要每天坚持锻炼，结果一觉醒来，还是舍不得暖暖的被窝，翻过身来继续"回笼"。明明说今天带孩子去游乐园玩儿的，结果自己改了主意，孩子盼了一个星期的愿望，顷刻间就泡汤了。你觉得这一切都是小事，又有什么问题？可事实上，你每天在家做了什么，孩子那双小眼睛始终都在看着你，倘若你有那么几件事，让他抓住了小尾巴，很可能在下一段历程中，他便也开始将承诺顺理成章地归类于平常，将它看成是一件并不重要的事，想要坚持，就坚持一下，不想坚持了，便抛掷脑后，大人世界里的忽视，很可能会化生为孩子世界里的影子，循序渐进地为他们寻觅放弃的理由。这也就是为什么，有些孩子头一天会雄心壮志许下决心，第二天便转眼变成了另外的样子，将承诺抛到了九霄云外，直到我们问："喂，宝宝，你不是答应过……"他才好像突然有点恢复意识，骚动着小脑袋说："哦，是吗？好像是有这么回事啊！"

尽管为人父母，初来乍到，面对孩子，我们也没有太多的经验，而当我们向内挖掘的时候，就会发现，孩子身上出现的问题和毛病，在自己的身上，往往同样存在。想要让他蜕变得越来越完美，就需要我们也认真地做好自己的功课，这样才能陪伴他们一点点地尽善尽美。可在生活的过程中，并不是所有的父母都能意识到这一点，而其中最不该做的事情，就是对孩子轻易许下承诺，然后再找出各种理由来"放他们的鸽子"。

古代有一个著名的故事，想必大家都听说过，说孔子的弟子颜回有一天回到家就开始磨刀，妻子问："你磨刀干什么啊？"颜回转身说："你忘记了？今天早晨的时候，儿子缠着要跟你去赶集，你说让他乖乖待在家里，回来以后就给他杀猪炖肉吃？""哎呀，小孩子，我跟他说笑呢！"妻子说道。"那不行，如果这一次你欺骗了他，下一次他就拿承诺不当回事儿了，绝对不可以给他灌输这样错误的想法。"于是，尽管颜回的家一贫如洗，但最终身为父亲的他还是履行了承诺，在当天让孩子吃上了肉。

曾经有一些孩子问过我："老师老师，什么是承诺？怎样做才能算是一个讲信义的人？一个信守承诺的人究竟是什么样的？"我想了想，给予了他们这样一个答案："承诺的意义在于，它给予了我们一个向目标坚持的理由，而讲信义的人，就是不管在怎样的境遇下都要力争将坚持落地，而作为一个信守承诺的人，他们的表现就在于，为了坚持内心的坚持，所以每天都谨慎地说话，从不会轻易地做出承诺，但是只要答应的事情，就一定会做到。"这时候有些学生就会俏皮地眨巴着小眼睛对我说："老师，我爸爸就不是一个信守承诺的人，他说他会在睡前给我讲故事，结果我还没睡着，他已经睡着了。"……听到这些，我只能无奈地摇摇头，如果不是真的曾经被老爸的行为气到，这样的小报告怎会说的那么理直气壮？

说到这，转过身来再说孩子！孩子是天真开朗的，对待自己感兴趣的事情，可能注意力还会相对集中，面对自己不喜欢的事情，那最直白的表现就是不喜欢，这时候，很多父母就会下意识地鼓励他们做出承诺，要求他们最少每天拿出几个小时来对这件事进行磨合。每到这个时候，多半的孩子都会上当，但等到真的要身体力行的时候，就会发现这段时光究竟有多痛苦，到底有多难熬。

诚实地说，我的孩子也同样遇到过类似的问题。有一次，他在商店里看到了一个非常漂亮的拼图玩具，信誓旦旦地说："爸爸你给我买吧，回家以后我一定会把它拼出来。"当时我听了当然很高兴，对他说："这可是你说的，一定可以把这个拼图拼出来，那爸爸付出了，你就一定要予以兑现，只有拼出这个拼图以后，才能有其他的新玩具。"这个时候，孩子信誓旦旦地点点头，于是开开心心地把拼图玩具带回家了。

回家以后，他便开始了自己的"浩瀚工程"，起初他还做得饶有兴趣，后来越玩儿越不耐烦，越玩儿越坐不住了。这个时候他带着畏难的情绪将求助的目光抛向了我，对我说："爸爸，我能不能去干点别的，这个拼图实在是太难拼了。"这时候我看着他那小模样，带着鼓励的目光对孩子说："爸爸相信你的实力，相信你是个信守承诺的好孩子，不管带着什么样的心情，你都可以完成自己的任务，这样才会有新的玩具玩儿。"听了这话，他只好再次无奈地坐在那个拼图玩具面前，继续摆弄起来，几个小时过去了，当孩子将最后一片拼图与画面进行连接，那种小小的成就感油然而生，他对我说："看，爸爸，我拼好了，我可以有新的玩具了。"这个时候，我欣慰地看着他，不断地夸奖说："哇，孩子你真棒。"尽管我嘴上没有过多的教育，但心里相信，他已经明白了承诺在一个人心中的分量，但凡答应的，就一定要加以履行，但凡要履行的，就不要有畏难情绪，这是自己要为承诺所付出的代价，因为是自己答应的，所以其中的责任自然要由自己去承担。

就这样，我和孩子在一同成长的过程中，无形中拥有了一种默契。我答应他的事情，从来没有失言过，而他答应我的事情也一定要做到。慢慢的，我答应自己的事情，也越发严谨认真，而他所承诺的目标，也没有了任何失言的理由。每当自己内心快要丧失毅力的时候，我会对自己说，儿子的小眼睛在看着我。每当他说要撑不下去的时候，我总是会用鼓励的眼神去给他力量。这种良性循环让我们都拥有了更完美的自己。

父母是孩子的大朋友，而作为朋友，最重要的关系建立点，就在于信守承诺。在这个过程中，我们需要源源不断地对孩子灌输智慧的理念，比如怎样能够成为一个言必行、行必果的人。尽管起初，孩子觉得想要切实做真的太难了，但是，当他意识到，承诺在人与人之间传递的信息有多么重要，他便会更为谨慎地去加以对待。而起初的着眼点，就深埋于我们与孩子之间的互动关系里，告诉他们如何信守承诺，如何用好承诺，如何用承诺点亮人生，你便会自然而然地成为他心目中最忠实的伙伴，一个最富有定力智慧的引导者。

赵中华老师语录：

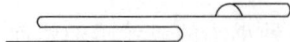

1. 坚持承诺的方法，就是不轻易承诺。

2. 承诺有没有落地，用你的时间去证明一切。

3. 不以环境而转移，不以他人意志为转移，小小的承诺，大大的智慧，每个人都可以用心转动世界。

守时：磨磨唧唧，从来就没有守时的时候

家长问： 最近发现孩子有一个非常不好的坏习惯，不管是对谁，永远都不能遵守预先说好的时间。一开始，只是在学习计划上拖拖拉拉，后来我发现，他跟同学约好的时间，也从来没有遵守过。有一次他的一个朋友跟我抱怨说："阿姨你知道吗，唐唐上次跟我见面足足晚了半个小时，天那么冷我在外面一个人站着都冻僵了。"听到这话，我真的满心歉意，对于孩子不遵守时间这件事，作为父母，我应该怎么帮助他呢？

老师答： 不守时对于一个孩子的影响是非常严重的，一个人越是成长，越意识到诚信的重要，约定好的时间，往往是人与人之间建立诚信的开始，之所以有些孩子总觉得拖延时间没有什么大不了，其核心在于，他们对时间从来都没有概念，不但对自己的时间没有概念，对别人的时间同样没有任何概念，没有概念就无法把握生活，却总是有一堆的理由用来原谅自己，可这种原谅是单向的，往往只对自己生效，走上社会，涉及他人，又有谁会吃你这套呢？

原文：

执心守时信，岁寒终不凋。

译文：

做人要坚守自己的本心，不管遇到什么事情都秉持守时诚信的原则，这样的诚心即便是在生命中最寒冷的季节，也一样不会凋零的。

在很年轻的时候，我阅读过这样一个故事，一个著名的企业家与一个年轻的业务员说好第二天早晨八点钟在一家咖啡馆见面。到了八点钟，企业家准时地来到咖啡馆，可是业务员却没有准时到达，企业家坐在那里等了五分钟，才看到业务员抱歉地推门进来。当他入座的时候，企业家一脸严肃地说："年轻人，你知道五分钟对我来说意味着什么吗？我可以在几秒钟之内做出一个英明的决定，我可以在一分钟之内思考要不要在重要合同上签字，我可以用三分钟的时间，敲定一桩价值百万的生意，但是今天，我却坐在这里，整整浪费了五分钟来等你，你觉得我们还有继续交谈的必要吗？你应该怎样赔偿我的损失呢？"听了这话，这个业务员哑口无言，他定定神说："不好意思，今天外面堵车了。""不守时可以找到各种各样的理由，但是信守承诺的人永远都不需要理由。年轻人，你的理由太多了，对自己的错误解释太多的人，是无法走向成功的，今天就当我给你上课吧，那么现在，对不起，我要失陪了。"

就拖延这件事，在很多人身上都很常见，很多父母抱怨孩子办事拖拖沓沓，明明两个小时就能搞定的事，一定要拖到睡觉才完成。明明说好早晨七点钟起床，到了八点发现他依然纹丝不动地躺在床上，明明跟同学约好早晨九点钟去博物馆看展览，结果大家都到齐了，他却还坐在家里没有丝毫的紧迫感。这样的事情此起彼伏，以至于时不时地就会听到别人的抱怨说"为什么不遵守时间？""总是这样拖拖沓沓的，下次不跟他出去玩儿了。""每次都比预期晚半个小时，等他的时间都可以用来写一篇文章了。"试想一下，倘若对方言谈中讲的是你的孩子，你会不会跟着惭愧，会不会在心中无限感慨呢？

其实想追其根源，也不是那么困难，从自己出发，还原生活的一些片段，你就会从中看出问题。比如，周末到了，你跟孩子约好要带他到游乐园去玩儿。因为盼了整整一个星期，孩子很兴奋，一早上就从床上爬起来，穿戴整齐地等着你。可是很多家长呢？却好像没有把这个约定当事情。嘴上应付着："乖孩子，等等爸爸啊，咱们九点钟的时候，一定出发。""哎呀，你看妈妈家务还没有做完，再等半个小时可以吗？"就这样孩子坐在一边开始焦急等待，半个小时过去了，一个小时过去了，可是眼前的爸爸妈妈却丝毫没有要出门的表现。于是他们开始抱怨："爸爸妈妈，你们怎么这么慢啊！都到点了，我都等了这么久了。""哎呀！再等一下，再等一下，马上就忙完了。"如此，一而再，再而三，你的行为在不断地强化着孩子的自我意识，于是在他的认知中有了这样的概念："不守时，是可以原谅的。别人的等待，是可以无休止地延续下去的。"

此外再让我们换一个另外的场景，这天作为父母的你和朋友约好带着孩子一起去参加一个共同的聚会，时间是早晨十点。可是第二天起来的时候，一家人都起晚了，九点钟才从床上爬起来，可赶到约定地点的车程至少要两个小时。此时朋友打来电话："嘿！你们出来了吗？""啊，正准备出门呢！"你随声迎合着。而事实却是，一家人都还穿着睡衣，一脸没事人一样坐在桌前吃早饭。等到十点的时候，妈妈才刚刚化妆完毕，爸爸才刚刚带着儿子穿戴整齐。此时朋友又打来电话："快到了吗？""啊，在路上呢，有点堵车。"作为大人的你，搪塞地说。随后终于出门了，上路一个小时后，朋友急切地打电话来问："怎么还没到啊？""马上了，再等半个小时吧。"可一个小时过去了，大家焦急地在外面站了很久，这时候才看到不远处一辆小轿车漫不经心地驶来。"怎么这么久啊？"朋友抱怨地问。"路上遇到了一起事故，所以……"想想吧，这些事情有没有在自己身上发生过，此时你的拖延，全部都被孩子稚嫩的眼睛观察着，感知着，因为长时间生活在这样的状态，所以他们开始渐渐地对时间失去概念，而对于一个对时间没有概念的人来说，想让他做到准时准点实在是太难了。

或许你每天都在说："今日事，今日毕。不要拖拖拉拉的。"或许你也曾告诫孩子说："要做一个遵守时间，信守约定的人。"但是倘若他的生活氛围，每天作用于他的生活意识并不是这样，单单指望着孩子自己具备强大的自控能力，成为一个守时自律的人，那成功率就太低了。所以，每当我们的孩子出现问题的时候，先不要急着训斥或指责，安静下来，给自己几分钟进行反思，看看这些问题是怎么来的？作为父母，我们与这些问题之间，是否存在联系。唯有把这个根源看清楚，才能从根源解决问题。

那究竟有什么行之有效的方法呢？有了问题，就要想出对策，面对孩子不守时间的问题，首当其冲要做的，就是树立起他们的时间概念，同时帮助他们，有效地掌握守时的技巧，强化他们自律守时的荣耀感。基于以上几点，下面我来分享一些自己教育孩子的心得体验。

这天孩子告诉我："爸爸，明天我和一个同学约好，要一起出去玩。""哦，那挺好啊，时间怎么约定的？"我问道。"他们说早晨九点，在学校门口集合。"孩子兴奋地说。"嗯，那你今天要早睡喽。"我说。"那我今天九点就上床睡觉。"儿子信誓旦旦地说。"嗯，儿子你真棒，那爸爸就来做见证喽。"

于是，时间一分一秒地过去，八点半的时候，我打开孩子的房间，发现他还在那里兴奋地摆弄着玩具，我对他说："儿子，你可是说过的，要在晚上九点钟准时上床睡觉哦，现在已经八点半了。""不急。"儿子头也不抬地说："我一点都不困。"看着他若无其事的样子，显然是不想说话算数了。于是我等到了九点整，发现儿子依然没有要睡觉的意思，于是我走过去，一声不吭地把他的玩具收拾起来。"哎呀，爸爸你要干吗啊。我还没玩儿够呢。"儿子抱怨道。"你跟我说的，九点钟要上床睡觉，男子汉大丈夫，不可以言而无信，现在是睡觉时间了，没有任何可以违背的理由，我命令你，在十分钟之内，洗漱完毕。否则的话，这些玩具……"我指了指手里的筐子说："就全部归属于爸爸了。"

"啊，不要。"看到我坚决的样子，儿子表现出一副可怜巴巴的神情，因为知道没有任何条件可讲，便迅速地冲向洗漱间，开始刷牙洗脸。而我就站在洗漱间的旁边说："爸爸看着表呢啊，还有五分钟……还有三分钟。"听到这样的暗示，儿子的动作越来越快，最终准时在十分钟之内搞定了一切，躺在床上，迅速关灯，闭上了自己的小眼睛。

就这样，一夜过去，第二天，我七点钟的时候来敲他的门说："儿子该起床了。""还早呢，再睡一会儿。"说完以后，孩子便翻了个身，准备继续睡。"不行，半个小时洗漱，收拾床铺，半个小时吃早餐。八点钟的时候，要准时出门。"我说。"到学校不过也就半个多小时……"儿子抱怨道。"但是你能保证路上不出现特殊情况吗？"我说道，"我们要做一个守时的君子，所以儿子，现在快点起床。"听到我的话，小家伙儿无奈地起床，开始洗漱，收拾床铺，吃早饭。我们在八点的时候，准时离开了家。这时候，我看到儿子坐在车上一脸的不情愿，于是一边开车一边对他说："儿子，倘若你特别想见到一个人，你是希望他提前半个小时到，还是迟到半个小时到。""当然是提前半个小时到了。"儿子说道。"那就对了，所以我们永远要成为那个别人意识中最想见到的人，那就意味着，我们需要提前出现在对方的面前。你觉得，这样的人是不是很酷呢？"听到我的话，儿子的情绪好了很多，他面带笑容地说："超人就是这样的，我也会变成超人吗？"从那以后，孩子再也没有因为各种原因不守时，每当他想要懒散的时候，我就会带着质疑的表情对他说："难道小超人马上要退化成懒散鬼了吗？"

其实就孩子的引导问题，最主要的核心就在于他们自我意识的强化，习惯都是在无形的氛围环境中产生的。如果想要一个孩子养成好习惯，至少要让他们觉得，这是一件相当酷的事情，他可以在不断的自我超越中获得成就感，从而拥有更好的自己。而这个时候，我们只需要去引导他，默默地关注他，但前提是，先不要让坏习惯落到自己身上，必定只有没有小尾巴可抓的父母，嘴里的话才更有说服力啊。

赵中华老师语录：

1. 没有时间观念的人，对于机会嗅觉也不会灵敏到哪儿去。

2. 不守时，往往意味着错过，而错过的，却不仅仅只有时间而已。

3. 把时间提前半个小时，你与机遇的距离，就又近了那么一点点。

违约：太过情绪化，心里不痛快就当场撂挑子

家长问：不知道为什么，现在的孩子总是过分情绪化，本来答应好的事情，稍微有点不开心，就撂挑子，一句："我不干了。"就把本应担负起的责任甩得十万八千里，这样的行为显然是成问题的。于是老师打电话来说孩子在学校做什么都没有恒心，一个不高兴，便颠覆了原有的使命，想来孩子还小，还看不透社会的事，倘若一切都凭着情绪做事，命运便由不得自己，我看在眼里，急在心里，作为父母，面对当下的情形，又应该怎样引导他们呢？

老师答：孩子因为情绪问题，瞬间撂挑子，主要原因在于，他们还没有意识到使命感对于一个人的重要性，倘若一个人被情绪所奴役，后果将会是非常严重的。这时候，就需要父母，积极地鼓励他们理性地承担自己的责任，成为一个真正敢担当的人，我们要努力将他们塑造成勇者的样子，告诉他们其实内心强大的人，也会有情绪，但是他们从不会因为情绪而停下自己的脚步，因为他们知道，穿过这层阴霾，成功就会在不远处，向他们招手了。

原文：

伪欺不可长，空虚不可久，朽木不可雕，情亡不可久。

译文：

虚伪欺诈不可能长久，空虚的事物不可能坚持，腐朽的木头不可能雕刻，情感丧失了无法长久相处。

记得小时候，读过这样一个故事，到现在想起来，依旧记忆深刻：

有一天上手工课，老师要求把大家课下完成的作业拿出来展览，一个男孩子羞涩地拿出一个巴掌大的小板凳，放在了桌前。比起身边同学的洋娃娃、飞机、坦克而言，这个作品看起来实在太普通了。于是老师傲慢地走过来，拿着这个板凳对他说："这就是你的杰作吗？"此时四周的同学哄堂大笑，老师鄙夷地看着他，以至于此时的小男孩儿，瞬间羞红了脸，但是他屏住呼吸说："这就是我拿出来的最佳的作品。""怎么看得出这是最佳的作品呢？"老师问道。此时男孩儿从座位又拿出一个小板凳说，这是我第一个作品，当时做完以后，自己都会情绪失落，觉得实在拿不出手，于是我又做了第二个，这个时候，男孩子又从座位底下拿出了第二个小板凳说："做完了第二个作品的时候，我依然感觉不完美，而且对它的样子感到茫然，所以我又做了第三个，也就是现在这个，它是我能拿出来的最好的作品。"

听了男孩儿的话，老师沉默了一会儿，他被男孩儿这种持之以恒的精神感动，于是他放下作品为他鼓掌，对全班的同学说："看，这是我作为老师以来，看到的最好的作品了。"后来这个孩子成为了举世闻名的物理学家，他就是爱因斯坦。

很多孩子在做一件事情的时候，很容易陷入焦躁情绪，尤其是在和身边的小朋友配合的时候，这样的状况显得尤为明显，几个人本来有说有笑配合默契，不知道在什么时候，就会产生分歧，随后开始你一言我一语地互相攻击，到最后情绪升温，便干脆把一切甩到一边，撂挑子说："我不干了，随便你们吧。"想想看，这样的事情会不会经常出现在你家孩子的身上呢？

就情绪而言，每个人都会有，成功的时候，我们会产生积极的情绪，失落的时候，我们会出现怀疑、愤怒、焦虑等多种的负面情绪。每个人都不希望负面情绪会落到自己的头上，可是就世界而言，一切都是无常的，总有一些事情会突然光临我们的世界，而我们首先与之相印的，除了思维意识的觉知，再有就是情绪管道的信息了。人之所以产生情绪，源自他们对于这个世界，对于眼前事物的直观感觉，每一种情绪，都有着属于自己的心理密码，想要找到解决问题的根源，就一定要从了解孩子的心理意识出发。这样才能快速地理清脉络，帮助他们走出负面情绪的阴霾，成为一个理性而又有担当的人。

那么究竟这些情绪中都暗藏着怎样的秘密呢？举个例子来说，积极正面的情绪，一般都是以自我满足感为前提的，因为内心饱足，所以才会觉得安稳、优越和富有创造力。而自我怀疑感，则往往出现在一种不稳定的自我意识中，因为一切尚且未知，而自己又对这种未知没有把握，所以才会出现疑虑，而当这种疑虑在第一时间朝向自己，就顺势衍生成为自我怀疑，造成能力的局限性，让心情顺势降到低点。而愤怒，往往源于对自身安全感的捍卫，因为觉得自己的地位受到的侵犯，所以急切地想用这种强势行为去压制对方，最终让自己的位置趋于平稳。而焦虑往往源自内心存在感的失衡，总觉得自己会失去一些东西，所以才会因此患得患失，在不安中难以平静。积极的情绪能够给人带来快乐、亢奋、坚持、勇敢；而消极的情绪，则会让一个人低落、暴躁、推卸、萎靡。这些内容在每个人身上都有不同程度的显现，而就孩子来说，他们面对情绪的表现会更加直接，以至于在面对事情时，只要情绪占了上风，便会因此丧失所有的自控能力。这就是为什么当孩子被负面情绪侵犯的时候，对手头的事情会瞬间失去兴趣，甚至干脆搁置的原因。

古语有云："不可乘喜而轻诺，不可因醉而生嗔，不可乘快而多事，不可因倦而鲜终！"说的就是一个人，不可以趁着高兴就对别人随便许下诺言；不要在醉酒的时候，不加控制就乱发脾气；不要趁着一时称心如意，就不加检点的惹是生非；不要因为疲劳疏懒，就有始无终地半途而废。这一点，对于当下的我们来说，是非常有点醒意义的。

孩子出现了负面情绪，一时之间不知道该如何面对，暴躁的脾气，失落的感受，凌乱了他们原有的意识，以至于原本步入正轨的一切，都因此发生了改变。倘若这样下去，当他们真正长大成人，步入社会，这种情绪的自我奴役，很可能会给他们的发展带来诸多不利的影响，其问题有多严重，结果有多恶劣，在这里不用过分多说，作为成年人的父母，多半都能猜出一二。那么面对这样糟糕的情况，我们又应该以什么样的方式去引导帮助孩子呢？结合自己教育孩子的一些经验，希望能够给大家做个参考：

有一次儿子跟几个小朋友玩儿堆沙子的游戏，他们的目标是盖起一座城堡，起初几个孩子同心协力，城堡也规划得有模有样，可是不知道因为什么事情起了争执，儿子忽然把小铲子一扔说："我不干了。随便你们吧。"听到这话，几个孩子都愣在了那里，一时之间，不知该如何是好。

这时候我走过去问："到底怎么了？""我说城堡应该是那样堆起来的，结果他们就是不听，现在变成了这个样子，我不干了。"他喃喃地抱怨着。"真的不想干了吗？"我严肃地看着他说。"不干了。"他生气地喊道。听到这句话，我回头对身边的那几个孩子说："那你们先玩儿，看看没有他，城堡能不能建造起来。"

听了这话，那几个孩子又恢复了玩耍，唯独我的儿子，在那里呆呆地看着一切。这时候我对他说："你是不是觉得自己在这个工程中的位置最重要，别人没有了你，就做不成这件事？"看着我的脸越来越严肃，儿子暴怒的情绪被慢慢地震慑下来，他低着头，不敢看我的眼睛。"今天爸爸要告诉你一个残酷的现实，永远都不要觉得自己无可替代，地球不会因为任何一个人的离场而停止转动。而聪明的人，从来都不会因为一时的情绪，而放弃自己的理想和目标。因为一时不开心，就撂挑子，你觉得损失最大的是谁呢？是那些小朋友，还是你？"

此时儿子瞥了瞥那几个小朋友，发现大家早就已经恢复了秩序，好像什么事情都没有发生一样。看着他面露悔色，我的语气也平和了一些，摸摸他的头对他说："你曾经对爸爸说，自己要做一个超人，超人也会有情绪，但是面对自己要执行的任务，他从来不会因为情绪而产生懈怠之心。你见过有人向超人求救，但超人却说：'对不起，我今天心情不好，我不干了。'有这样的事情吗？可见一个人想成为超人，也不是那么容易的。超人并不是没有情绪，他之所以能够受人尊重，看起来那么神圣，是因为即便是他今天不高兴，也不会放弃自己的坚持。这就是超人为什么会成为英雄的原因。如果不是这样，恐怕超人早就被大家忘记了。所以儿子，想成为超人，就要学会坚持，不管遇到什么样的事情，开心还是不开心，都要想方设法完成自己的目标，这样你才是最聪明，最智慧的。这样才是真正的英雄之举啊。"

听了这话，儿子再也不吭声了，眼看着眼泪要流出来，于是我把他重新拉到了小朋友的身边说："好了，小超人回归，现在继续进行你们的伟大计划吧。"

很多时候，孩子之所以会撂挑子，除了情绪因素以外，更重要的原因在于，他们始终没有意识到自我使命感和责任感的重要性，倘若我们能够积极地鼓励他们，强化他们的自我荣耀感，便可以有效地纠正这种情绪的弊端，引导他们理性地面对一切。这种意识，需要及早培养，唯有如此，他们才能真正意义上地摆脱情绪的奴役，成为一个理性而富有智慧的人。即便是意识到情绪的存在，也不会因它而停下自己的脚步，当这一切成为他们生命中的惯性，不管未来会经历什么，都不会因此而轻易放弃，因为父母的引导已经化作他们心中坚定的信念："只要不停下来，你就离成功越来越近了。"

赵中华老师语录：

1. 因一时的情绪，而撂挑子，你撂下的，不是负担，而是更好的自己。

2. 这个世界没有谁，地球都照样转，会管理情绪的人，始终都对这件事心知肚明。

3. 无法控制情绪的人，永远被情绪奴役，无法拥有真正意义上的自己。

欺人：口口声声说借用一下，这一借就没音信了

家长问：这段时间发现孩子动不动就把一些小东西带回家，问他哪儿来的，他总是说："管其他小朋友借的，觉得实在喜欢，就拿回家玩儿两天。"可是一个月过去了，我发现这些东西还在他手里，我问他为什么还不还给人家，他说："我实在太喜欢了，我再玩儿几天吧。"就这样，今天拖明天，明天拖后天，时间一推再推，好像也没有下文了。直到有一天，一个小朋友打电话到家里来，跟我说："阿姨，明明借我的玩具，到现在都没还给我呢！"这时候，我真的不知道该说他什么好，家里什么也不缺，别人的东西就有这么大的诱惑力吗？

老师答：孩子借别人的东西不还，这与这件东西究竟有多大的诱惑力无关，而是因为孩子在物质所有关系问题上存在概念的混淆。因为从小拿到自己手里的东西，肯定就是自己的，而对于"你能借给我玩玩儿吗"这件事，他们虽然表面上意识清楚，但等到东西真到了自己手里，概念就再一次模糊起来。所以这时最重要的一点就是帮助孩子在"我的"和"我借来的"两点上树立明确的区分和界限，让他们对物质的归属感有一个明确的意识，有了这个基础，再去从道德层面上约束引导就容易多了。

原文：

勤字所以医惰，慎字可以医骄。此二字之先，须有一诚字以立之本。

译文：

勤则可以医治懒惰，慎则可以医治骄傲。在勤与慎这两个字之前，还应该有一个诚字作为根本。

孩子从出生，到步入幼儿园，家中的所有东西，都可以供他随时索取，在这个阶段，在他们单纯的自我意识中，没有什么东西，不是他们自己的，没有什么东西是他们不可以拥有的，或者说，只要这个东西握在他们的手里，毫无疑问，这就是归属于他们所有的。直到孩子的世界里有了更多的伙伴，直到伙伴之间的互动中，有了更多的玩具，这种自我意识，才开始微妙地发生变化，或许他们会隐隐地意识到，别人的手里的东西，没那么容易得到了。但这并不意味着，他们对"我的"和"别人的"之间的关系已经有了清楚的洞见。或许此时，在他们的意识里，依然还有这么一个朦胧的意识，在喃喃自语地说："不管这个东西以前是谁的，只要它到了我的手里，就是我的。"因为有了这个概念作祟，他们便顺理成章的沿袭过去的物质归属理念，堂而皇之地把别人的东西归属于自己拥有的范围之内。而且在他们的概念中，一切本该如此，根本就不存在任何争议。

孩子是天真纯洁的，在他们的世界里，金钱意识是薄弱的，他们看待事物的角度，永远都是以好奇为先决条件的，每当看到自己喜欢的东西，就会本能地产生需求，随后便是身体力行地去索取。但是别人的东西注定是别人的，自己想要，就一定要掌握策略。忽然有一天，他发现了一个绝妙的方法，那就是模仿大人的样子对身边的小朋友说："你能借我玩儿两天吗？"每当自己说出这句话的时候，相比较于直接索取，会更容易得到自己想要的东西。于是，在他们的潜意识中，就形成了这样的一个错误的意识："只要我说出借我玩玩吧，这样的话，这件东西就可以属于我了。"

为什么会出现这样的问题呢？原因就在于，此时的孩子正处于自我意识的发育阶段，他们对语言的概念还不是很明确，尽管学会了说话，但并不意味着他们对自己所说的内容能够透彻的领悟明白。当别人的宝贝，因为一个"借"字顺理成章地到了自己手里，他们内心的贪婪就会伴随着本来模糊的归属概念而变得越发强烈起来。这也就是为什么有些父母会发现，在自己孩子的玩具箱里，会突然多出这么多不属于他的东西，而每当问及缘由的时候，他们都会理直气壮地说："那是我的。"

面对这样的事情，很多父母会立刻将它上升到道德原则方面的问题，不断地批评孩子："你怎么可以随便拿别人的东西？""你为什么借了别人东西却不还。"可是事实上，一切的产生，可能并不是道德层面的问题，倘若我们不能够及时帮助孩子理清思路，对"借"这个词，乃至于物质归属的概念划分进行智慧的引导，很可能你今天批评了他，明天他照样还会出现同样的问题，因为在他们的意识世界中，这种"别人的"和"我的"概念始终都是不明确的。

前段时间就有一个朋友遇到了这样的困扰，说自己的女儿，在一个星期之内，借来了所有小朋友手中的洋娃娃，然后堂而皇之地说："我是这些娃娃的妈妈，这些宝贝都是我的。"这时候朋友就问："我的女儿是以什么样的本事，拥有了这么多娃娃呢？"孩子回答说："特别简单，我告诉他们，借给我玩儿几天，他们就给我了。""那你怎么能说这些娃娃都是你的呢？"朋友又问道。"它们在我的手里，本来就是我的，现在它们就是我的了。"孩子一边抱着这些洋娃娃，一边带着防卫的目光注视着他。好一副不可侵犯的样子。

这时候朋友就问："孩子你知道'借'是什么意思吗？""我不管，反正现在它们是我的。"孩子一副不容商量的样子说道。"借的东西，可是要还的哦！"朋友下意识地引导着说。"什么是还？"女儿诧异地问道。"还就是，到了一定时间，要把娃娃重新交到小朋友手里。"朋友说道。"那不行，这些娃娃都是我的，我是这些娃娃的妈妈。"女儿听了，急得眼泪都掉下来了。

看到女儿极端的表现，朋友一时之间不知道该如何是好。于是打电话找我，问我有没有什么好方法。我听了以后，笑着为他指点迷津，朋友听了以后，点头说："倘若你的主意生效，你可真的为我解决了一个大麻烦。"

怎么做的呢？我让朋友给女儿买了一个特别漂亮的娃娃，对女儿说："乖女儿，今天爸爸送给你一个礼物，是一个特别漂亮的娃娃。""哇，太好了。"女儿兴奋地抱着娃娃笑起来。"不过爸爸有一个条件。"朋友故作玄虚地说。"什么条件。"女儿忽闪着一双大眼睛问。"跟爸爸一起把'给'

和'借'两件事搞明白。"朋友严肃的说。"什么明白不明白的。"女儿噘起小嘴说道。"给就像今天爸爸这样，将娃娃送给宝贝女儿的，你可以完全地享有它。但是借就不同了。"朋友说道，"借是暂时的将别的小朋友的东西暂时归自己保管，但你并不是它百分百的拥有者，到了一定的时间，当小朋友想要回去的时候，你就要把它送还到他们手里的。这样才是一个诚实守信的好孩子。这就是给和借的区别，我的宝贝女儿这么聪明，一定已经搞明白这件事情了，对吗？"

"那就是说，我现在从别的小朋友那里，拿来的娃娃，都必须重新送回到他们手里是吗？"女儿有点绝望地问。"原则上是这样的，但是倘若宝贝明白这是一种分享，便能以此交到很多很多的好朋友。别人之所以会把自己心爱的玩具借给你，证明他们很信赖你，爸爸真的很高兴，我的女儿在幼儿园有这么多信赖她的好朋友，那么接下来，我们就要对得起这份信赖，让这些可爱的娃娃回归到它们的主人旁边，对吗？"听了这些话，小家伙儿犹豫了片刻，最终还是点了头，我的这个朋友，也跟着长舒了口气，他对我说："我家倔强的小公主，终于把'给'和'借'两件事弄明白了。"

孩子的世界观是纯净的，并不存在多么复杂的关系，想要有效地树立这方面的道德意识，首先要做的就是明确物质归属的界限，其后才是强化他们好借好还的行事准则，这是一个树立正确的意识的过程，也是一个削减不良欲望的过程，在这个过程中我们始终都在用最简单的方式为孩子诠释一个道理："这个世界上，好东西很多，但未必都是自己的，你可以试图成为它暂时的拥有者，但凡是别人借给你的，早晚都是要还的。"

赵中华老师语录：

1.借和还之间，一来一去，过程中体现的，是为人处事的智慧和美感。

2.别说抓在手里的就是你的，倘若因此而过分执着，未来很可能会因此失去更多。

3.别拿欠债当潇洒，钱债，情债都是债，只要是欠的，早晚都是要还的。

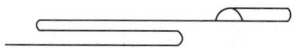

第四章

想要有未来，先要有个好性格

抗挫：我只是批评了他一下，没想到他闹那么大动静

家长问： 现在的孩子抗挫能力实在太差了，稍微一个小问题，就会让他们痛苦不堪。前段时间孩子因为遭到老师的批评，心情不好，还三番两次地想要退学，说自己再也不想看见那老师了。要说这样的事情，落在咱们那个年代，都是新鲜事儿，我真的想不到，他的承受能力竟然这么差，实在是伤脑筋！

老师答： 之所以抗挫能力差，是因为你把他保护得太好。与其张开翅膀守护他，不如在他摔倒的时候，站在他的旁边鼓励他。面对失败，面对他所经历的挫折，倘若你先亮明自己的态度，他自然会意识到，当四周没有助力的时候了，那个最值得自己信任和依靠的人究竟是谁了。

原文：

天下无易境，天下无难境，终身有乐处，终身有忧处。

译文：

天下没有容易的事情，天下也没有难到扛不过去的境界，倘

若终身秉持严禁，一生就不会有那么多忧患了。

————————

前段时间，看了这样一个新闻，说上海的高架桥旁边，突然快速停下了一辆小轿车，一个男孩子从车上下来，紧跟着的，是一个长头发的中年女性。孩子下了车，便奋力奔跑，从高架桥上一跃而起，中年妇女见状赶快上前拉住了孩子的一条腿，却最终没拽住，孩子从高空坠落，瞬间停止了呼吸。就这样，一个幼小的生命从这个世界彻底消失了。

事后记者问，到底出现了什么问题，对方一边哭泣一边说："我只是针对他的成绩在车上批评了他几句，想不到他的气性这么大，竟然走极端跳桥自杀。我真的没有想到自己的孩子，在抗挫方面这么薄弱，早知道说话的时候注意一些就好了。"

同样的事情，不止发生一次，例如，前段时间从报纸上看到，有一个孩子，因为在班级里被老师批评，惹的全班同学哄堂大笑，最终自己一个人爬到了学校楼顶纵身跳下，等到老师同学发现的时候，孩子早已经断气，后来大家从孩子的遗书中了解到，这个孩子本来是个很好强的学生，他实在难以忍受别人的羞辱，所以最终选择用自己的死去惩罚所有人。诸如此类因为一些小事引发的悲剧，在当下的社会早已经算不上什么新闻，究竟问题的源头在哪里，为什么这样的事情会此起彼伏地发生？答案很简单，那就是当下孩子的抗挫能力，已经到了令人担忧的地步。

与之相比，古人面对挫败，就要比我们智慧的多，就拿历史名人曾国藩来说，他的人生历程中有很多内容，都是值得我们当下人借鉴的。

要说曾国藩的韧性大家有目共睹，在他少年读书的时候，为了背诵一篇文章，他挑灯夜战，反反复复，直到夜已深沉，还是没有背出个因果。就这样一遍接着一遍，直到趴在房梁上的贼都会背了他还是在那里不停地用功。眼见天快亮了，贼人不耐烦地从房梁上跳下来，把那篇文章，一字不落地背了一遍，然后一脸不屑地说："就你这样还想考科举啊，做梦去吧。"说完便大步流星地离开了。曾国藩先是一愣，看着对方背影远去，他丝毫没有想放弃的意思，依然坐在书房里认真地学习。

太平天国时期的曾国藩，每天都在失落与绝望中徘徊，几次命悬一线，却最终咬牙坚持了下来，即便是在写朝廷奏折的时候，他都不忘记将"屡战屡败"几个字修正为"屡败屡战"。这是何等有毅力的人才能成就的事情啊！而那种超出凡人的定力与韧性，恐怕也不是一日之功就能够成就落实的。

曾经有位成功人士说："对于一个孩子，没摔过几次跤，就根本无法自由地奔跑，而作为年轻人，没有经历几次奚落，怎能牢固自信的力量。每个人都会遭遇挫败，有些人在挫败中不断历练，有些人却在挫败中意志消沉。成功者的优势无外乎比别人多了几分坚持。坚持将他们的格局不断延展，每当难题光顾时，他们还可以不失幽默地说：'我的老朋友又来了'。"

现在的孩子，都是父母的身边宝，从小舍不得受一点儿罪，但凡吃了点儿苦头，就会心疼不已。正因为这个原因，他们对自己身上的压力和痛苦丧失了本有的免疫力，每当受到挫败考验的时候，就会顺势败下阵来，成为了这个世界上，最需要同情的人。可社会那么现实，哪儿有那么多同情给你，于是失落和绝望感不断叠加，无助夹杂着不满，在他们的心中蔓延开来，最终影响到了自己人生的格局，内心剩下除了无休止地抱怨，再也没有什么可以用来自我建设的内容，如若这个时候再意识到它对自己产生的影响，真的为时已晚了。

那么究竟怎样解决这个问题呢？其实答案也很简单，那就是不断地培养孩子积极乐观的人生态度，培养他们自主克服难题寻找方法的勇气和魄力。这对于每一个孩子来说都是非常重要的。下面就结合我的个人经验，给大家做个分享：

一次，儿子一回家就满脸不高兴，我问他到底发生了什么，他说："我被老师批评，而且是当着全幼儿园同学的面批评。""为什么呢？"我问。"因为老师上课提出了一个问题，而大家都觉得我的答案特别可笑。"儿子说道。

"那么把事情跟我说说好吗？"我把儿子叫到沙发旁，拍着他的小肩膀问道。"老师说1+1等于2，我说不对，1+1应该等于未知。"我听了以后，顿时产生兴趣问道："为什么呢？""很简单啊，很多时候，1+1都是不等于2的，两只小猫在一起，还能生出一窝小猫，1+1等于2吗？两个想法碰到一起，将会产生的内容是未知的，1+1也不等于2啊！我错了吗？可是当我说小猫的故事时，全班的小朋友都笑了，老师很生气，就把我批评了。我心里可难受了，吃饭都没胃口。"

听了这话，我心里是很有成就感的，于是拍拍他的后背说："男子汉随时可以受伤，但并不意味着我们被打败了！儿子，人生随处都会遭遇嘲笑，而我们唯一反击他们的方式，就是坚定自己的信念""那接下来我该怎么办？我已经成为一个笑话了。"儿子低着头一边说，一边掉眼泪，"我再也不想发言了。"

听了这话，我摸摸他的头说："儿子，你知道有本事的人会怎样吗？""会怎样？"儿子问道。"他会坚定地走自己的路，不管别人说了些什么。他会不断地在实践中验证自己的想法，宁可颠覆世界，也要追求真理的轨迹。最终，他会把别人左右摇晃的脑袋，变成对自己的认同和掌声。今天没有获得认同没关系，但不代表明天不会，很多名人之前都被定义为"傻瓜"，但这些"傻瓜"最终改变了全世界。成功者从来都不是大多数，他们总会有一些特别的地方，而这些特别，终将锻造出他们生命的璀璨，好像天上的恒星，散发着恒久的光芒。"

"听起来不错。"儿子小手抱在胸前，好像有了那么一点儿勇气。"但是首先你要学会付出。"我说道，"你要学会适应别人的不理解，不在乎别人对你做出的反应，你要学会专注于自己的路，即便在所有人看来，那是一条无比疯狂的路。当别人的非议和质疑声开始源源不断地进入你的生活，这很可能意味着，你距离成功已经不远了。"

"真的会这样吗？"儿子好奇地问。"当然了，爸爸自己就经历过类似的事情，也曾经遭遇过别人的不理解，也曾在别人的拒绝声中独自前行，或许是经历的内容还不够丰富，所以爸爸才只赚到了这么一点点成就，但就这么一点点，也足够赢得别人的羡慕。爸爸相信，儿子有一天会比爸爸还要勇敢，而今天就是一个崭新的开始，值得爸爸为你的新生鼓掌。"听了这话，儿子的眼睛闪动着耀眼的光辉，他喃喃地说："让那些该死的嘲笑见鬼去吧。"

曾经在一本书上看到有人这样评论一位智者："尽管你对他有意见，但不要冲他乱扔石头，因为你不知道下一秒钟，他会用这些石头制造出一个什么，他的成功经验，从来都没有停止过，他有着令人畏惧的童真，从来就不知道什么叫作痛苦。"人的一生会遇到什么，谁也说不好，但是有一点取决于我们自己，那就是我们随时可以将我们所拥有的进行二次创造，成功往往源自挫败后萌生的创意，这些失落背后的礼物会成为我们坚持下去的动力，这个世界无所谓成败。

所以，当孩子哭泣的时候，当孩子沮丧的时候，当孩子不知所措的时候，当孩子开始消极低落的时候，告诉他们海明威的那句话："生活总是会让我们遍体鳞伤，但过后你会发现，那些受伤的部分，将会成为你整个身体中最强健的地方。"所有的成功，都是从接受挫败开始的，唯有越挫越勇，才能成为大家公认的王者。从此，他就是所有人心中的光，源源不断地传递憧憬和能量，步伐坚定，从来都不会辜负心中的梦想。

赵中华老师语录：

1. 你不拿挫折当礼物，挫折就很可能成为你的麻烦。

2. 人生受过伤是一件值得骄傲的事情，倘若到了成年，自己还什么都没经历过，就人生而言，那无疑是最遗憾的事情。

3. 所有的坚韧和努力，必将让一个人在痛苦的经历中赢得希望。

坚持：孩子做什么都是三分钟热乎气

家长问： 现在的孩子做什么都是三分钟热度，刚才信誓旦旦，说自己一定要怎样，结果不到三分钟的时间，就有了畏难情绪，小屁股坐在那里如坐针毡，痛苦到好像我都觉得亏欠了点什么。面对这样没有耐性，不懂坚持的孩子，作为父母我真的伤透了脑筋。

老师答： 倘若让一个成年人去做一件自己根本不感兴趣的事情，想必得到的结果也未必能好到哪儿去。想让孩子持之以恒，只知道在一旁督促鞭策是起不到作用的，除非你把这件事变成一件能帮助他们寻觅到成就感的事，除非这件事能够给他们带来莫大的喜悦感，否则，即便你耗费再大的心力，也只能是无功而返。

原文：

进之以猛，持之以恒，不过一二年，精进而不觉。言语迟钝，举止端重，则德进矣，作文有整容雄快之气，则业进矣。

译文：

勇猛精进，坚持不懈，用不了一二年，自然有觉察不到的长进。言语迟缓，举止端重，则品德就会有长进。文章有整容雄快之气，则学业就会有长进。

————————

这么长时间以来，我陪伴了很多孩子的成长，也赢得了很多家长的信任，其中很多家长，都通过不同的方式给我写信留言，向我倾诉他们在养育儿女过程中所遇到的问题和困惑，其中最核心的问题之一，就是不知道怎样强化孩子的韧性，不知道怎样锻炼他们面对挑战的意志和恒心。

比如有这样一个妈妈就留言给我说："赵老师，孩子在你的教育引导下改变了很多，但是现在还有一个最要命的问题，这种改变坚持不了多长时间。比如刚才还信誓旦旦地说自己一定会坚持，但过不了三分钟就不是他了。"我问他："这么一会儿就不坚持啦？"他说："哎呀，想做到实在是太难了。"我当时的心啊，瞬间凉到了谷底，现在的孩子怎么都这样呢？每天都保证，每天都做不到，如此继续下去，怎么得了？

每当听到这样的事，我就会问他们："你们常常说，孩子做事不坚持，但有没有想过，他们为什么会不坚持。他因为什么原因不坚持？世间的一切都是有因果的，三分钟热乎气也不是空穴来风，这里面的真正问题是什么呢？"

现在让我们闭上眼睛想象一下，如果要你去面对一件你根本不感兴趣的事情，你会不会也会如坐针毡？你会不会也一样无法专注？你会不会也会因此感觉到痛苦？倘若作为成年人，你都不能百分百具备这样的定力，作为一个尚未懂事的孩子，你觉得他就能百分百做到吗？可我们每天都在逼着他们做很多自己不愿意做的事情，渴望他们能够从中历练，攻克难关，却从未在意他们坐在那里忍受的煎熬。单从这一点来看，很多父母在教育理念上就是成问题的。

孩子有着自己天真的本性，倘若是做一件自己喜欢的事情，他一定能够做到知行合一的专注，因为这件事对他来说，是一件很享受的经历，他会因此而陶醉，因此而废寝忘食，以至于几个小时过去了，都不会喊累，原因就在于，他愿意为自己的兴趣买单，花费再多的时间精力也是心甘情愿。由此看来，所谓的三分钟热乎气，主要原因在于我们没有帮助孩子有针对性地培养兴趣，而对于那些自己不感兴趣的事情，奉献三分钟已经是很了不得的事了。

现在很多孩子之所以没有恒心，就是因为他们父母要他们面对的事情没有兴趣，而父母也从来没有真正意义上地想到要培养他们的兴趣。比如有些孩子对数字不敏感，所以在数学方面很吃力，可是为了升学考虑，父母除了不断地给他留作业，让他做题以外，就没有多余的项目了。而孩子面对这项苦差事的时候是非常痛苦的。这意味着他要花费大量的时间，去做一件自己不擅长的事情。不擅长意味着多出错，多出错就会不断地体味挫败，而且即便自己已经很努力，也未必会有什么成就感，成绩不出色，还会因此遭遇父母的批评，这一系列的糟糕事，想起来就让人头疼，可这样的事情，却每天在这些小家伙的世界里发生着。

那么究竟怎样帮助孩子摆脱这样的窘境呢？说到这儿，我突然想到了这样一个故事：

著名心理学家阿德勒，很小的时候也是数学成绩相当不好。每天他都因此受到老师的奚落和嘲笑，就连他自己都觉得，这辈子与数学没什么缘分。

但是有那么一天，老师出了一道相当难的数学题，班里的所有同学都答不上来，就连那些数学的尖子生都沉默了。可谁也想不到，这时候阿德勒竟然举起了手，老师一脸鄙夷地看着他说："你觉得你真的能答上来吗？"这时全班同学都跟着哄堂大笑起来。这时候阿德勒表情严肃，走上台前拿起了粉笔，三下五除二地就完成了这道数学题。事实证明，这是百分百的正确答案。老师看着他的表现惊讶不已，同学们也很诧异，而就此数学成为了阿德勒最得意的学习科目，他的数学成为了班中的神话，直到毕业，他的数学成绩都名列前茅，谁也不敢再说他是数学白痴了。

之所以会出现这样的问题，原因在于阿德勒彻底摆脱了学不好数学的催眠控制，而这一次的成就感，让他意识到，自己在数学方面很有天分，这应该成为他值得炫耀的一大兴趣，而不是什么局限和阻碍。这个世界上人与人的智商不相上下，之所以会存在差异，多半来自他们的内在设限，倘若一个人认定自己对某事不感兴趣，认定自己做不好，那即便他有这个能力，也终将无法尽情地释放才华。

所以，对于这样的孩子，首先要做的就是消解他们内心的负面暗示，不断地强化一个真理，那就是："真正的阻碍源自你的内心，如果心中的阻碍不见了，你想做成什么，就做成什么。"其次，我们要不断地强化孩子的个人兴趣，让他们源源不断地从中寻觅到成就感，让他们因自己的蜕变而喜悦。而最后，也是最核心的一点，那就是不要吝惜自己的赞美和奖励，让他们因此而备受鼓舞，源源不断地激发出内心的斗志和勇气。做到了这三点，并始终坚持下去，你会发现，孩子在这件事情上所投入的时间和精力会越来越多，即便是父母不再加以催促，他们照样可以自觉地鞭策自我，因为这件事能够给他们带来快乐，能够让他们体验到更多的信心、能量和自我价值。

曾经有一位世界顶尖人士说过这样一句话："如果你相信这一切，如果你相信自己能做到，那么不管怎样，现在就冲出去为之战斗吧。"让孩子对眼前的一切充满自信，让他们相信这个世界上没有自己解决不了的难题，让他们在问题中享受解决它的过程，让他们相信，自己完全可以在自己喜欢的领域做到最好。与其不断地去质问他，鞭策他，不如带着微笑站在一旁鼓励他、支持他。这是一个由负到正的转化，只要找到自己的兴趣所在，恒心就会一直延续。这是一个开启内在能量的过程，因为那份成就感的涌动，那个三分钟热乎气的怪小孩儿，就这样淡出了所有人的视线，从此一去不复返了。

赵中华老师语录：

1. 就成功而言，你只需要比别人多坚持那么一点点，可就这么一点点，在很多人看来，比登天还难。

2. 之所以今天别人成功你没有，不要怪别人，只怪自己没有坚持下来。

3. 持之以恒地去做，相比于在起点忧虑，往往是人生中最实际的进步。

吃苦：稍微辛苦一点，他就说受不了了

家长问：我家的孩子最大的一个问题就是没有吃苦精神，刚刚遇到一些困难，就会退缩不前，整个情绪都跟着低迷下来。我问他，真的就那么容易被困难吓倒吗？他说："哎呀这一切太痛苦了，我真的受不了了。"说完眼泪吧嗒吧嗒地往下掉，弄得我真不知道是劝他好还是说他好，面对这样的问题，作为老师，您有什么好方法吗？

老师答：孩子害怕吃苦，在于他们不知道该怎么享受这个过程。很多负面的信息围绕着他们，让他们对自己的自信产生了怀疑。但是倘若我们可以激发他们的斗志，帮助他们从消极意识中寻觅着积极的动力，那么结果可能会很不一样。所有人都想拥有属于自己的成就感，但想要真正意义上的拥有这种成就感，首先是要从享受吃苦过程开始的。

原文：

天将降大任于斯人也，必先苦其心志，劳其筋骨，饿其体肤，空乏其身，行拂乱其所为，所以动心忍性，曾益其所不能。

译文：

所以上天将要把重大职责降临到某人身上的时候，一定要先使他的意志受到折磨，使他的筋骨经受劳累，使他的肠胃忍受饥饿，使他的全身困苦疲乏，使他的行为总是遭受困扰麻烦。这样便可以使他的心态受到震动，使他的性格更加坚韧，从而增强他们所未具备的能力。

———————————

曾几何时，我也曾经犯过和很多家长一样的错误，和儿子走在路上，小小的他突然开始坐在地上耍赖说："爸爸，我走不动了，不想走了。"出于疼爱，我真的也舍不得看到他疲惫不堪的样子，于是，我弯下腰，将他扛在自己背上，他就这样带着得意的表情，躲过了吃苦的片刻，安然而坦荡地趴在我的背上休息。而就在此刻，一个潜意识在不停地责备着我，它喃喃地说："你这样做不行啊，从小不让他吃苦，这样会害了他的。"

一次打开电子邮箱，邮箱里看到了这样一位父亲的留言：

现在的孩子吃苦精神实在太薄弱了，前几天带他去爬山，本来前面还兴致勃勃，但是到后面一切都变成了另外的样子。起初是耍赖，到后来干脆坐在台阶上哭泣，我问他怎么就这么点儿挑战精神，他却一边抹眼泪一边抱怨说："爬山太痛苦了，你不来安慰我，还要责备我吗？"看到他那副样子，游山玩水的喜悦感荡然无存，这时候他开始嚷嚷着要下山，可是下山的路自己也不愿意走，一定要我背他。当时我已经很生气了，于是冲他嘶吼了一顿，没想到他哭得更厉害了，好像天下所有人都欠了他的债，他是这个世界上最可怜的人。

我的妈呀，现在的孩子怎么会成为这样，想当年我们上学的时候，学校组织春游，还不是要走很长时间？那时候大家都很开心，根本就不会觉得辛苦也不会喊累。现在的孩子，刚刚就这么点的事情，就觉得辛苦，以后还能干什么？现在我们俩好几天没有说话了，他还去跟他奶奶告黑状，说我虐待他。我始终搞不明白怎么会是这样，只是觉得自己的教育策略实在是太失败了，面对这样的事情，作为赵老师您，有什么更好的引导方法吗？

看了这条留言，我频频地摇头，其实这样的事情也不是发生一回两回了，每当有家长问："赵老师，到底我们应该怎么办？"的时候，我总是说："你是真的没有让孩子从消极面对的状态中转变过来，当他们在潜意识中能够将眼前的辛苦看成是一桩快乐的事情，时间长了，辛苦的苦就会自然从他们的世界里消失了。"

很多父母都曾经试图给孩子讲一些古代先哲头悬梁锥刺股，最终实现自我抱负的故事。但是很多孩子，对这些故事并不真的了解，他会不断地对我们发问："为什么他们会这么愚蠢，我即便不用这种方式照样也能够拥有自己的成功，倘若把自己真的搞坏了，对自己身体负责任的人还不是他们自己吗？"这话听着似乎也有些道理，只是此时家长会不禁地摇头："时代不同了，现在这些小鬼哪儿来的那么多道理。"

那么究竟应该怎样引导孩子，让他们具备深厚的吃苦精神呢？其核心就在于，我们一定要对他们的意识进行强化，告诉他们这样的一个重要观点：吃苦是一件很酷的事情，我需要对它的到来表示欣喜，或者我还有必要在后面亢奋地说上一句："太好了。"

乍然听起来，这样的行为好像有点傻，明明是一件苦差事，还要勉为其难地说上一句："太好了！"这到底是什么道理呢？其主要策略就在于，一定要帮助孩子从诸多的负面暗示中解脱出来，在种种苦涩的消极感受中，寻觅正能量，寻觅到真正有利于自己的积极意义。

举个例子说，前段时间我们也组织孩子出去野营，有些孩子说自己一生都没有走过这么长的路，而且身上还背着沉重的书包，每个孩子除了平坦的路以外，还要跟着老师一起爬山。本来觉得一切会非常有意思，但没想到这是一件非常辛苦的事情。而在这项活动开始之前，我就向其中的每一个孩子立下了这样一条规矩，那就是，在整个活动中，不可以有任何的抱怨，也不可以因为辛苦而选择放弃，倘若这个时候，因为任何事情而产生负面情绪，那就要快速地做出反应，不断地对自己说上一句："太好了"，然后快速地告诉身边的人，就在此刻你学到了什么。

起初大家在路上还走得有说有笑，但时间长了，偌大的太阳，晒得孩子们汗流浃背，这时候有人开始觉得辛苦，但当他们刚要抱怨的时候，突然就想起了那个提前的约定，然后喃喃地对自己说："太好了，我从中磨炼了自己的意志。"

这时候，队伍里，有一个小个子的女孩儿突然间摔倒了，因为很疼，她顿时坐在地上哭起来，这时候我走到她面前，一边安慰她，一边问道："你难道不想兑现我们事先的约定了吗？"于是她一边抹眼泪，一边略显无奈地说："太好了。我知道摔倒了的孩子，要主动爬起来。"于是我在一边为她鼓掌，她努力地自己站起来，然后继续跟着队伍一路向前了。

经历了这件事，家长都反映，孩子长大了不少，他们很多人不再试图去抱怨辛苦，而是渐渐愿意担负起属于自己的责任和使命，至少每当遇到苦差事的时候，不会直接想到放弃，而是下意识地让思绪停下来，问问自己到底可以从辛苦中学到点什么。

现在很多孩子都被父母捧为掌上明珠，面对辛苦的事情，他们从心理上没有任何概念，每当遇到考验的时候，对此没有任何经历的他们，会很自然地选择退缩，或许这就是现代中国教育中一个最严重的弊端。

所以，从现在开始，不要成为孩子体验辛苦的拦路虎，不要再为他们拿书包，不要再冲到他们前面做家务，既然该经历的事情迟早要经历，该历练的事情迟早都要历练，那不如从小开始，越早越好，这个世界上，弹簧之所以能够跳得很高，是因为它从来不会在意忍受压力，倘若此时的辛苦，可以让他们明白这个道理，那么不如在这份礼物来临的时候，放开你的手，给孩子更多的体验的机会，让他们在成长中练就属于自己的勇敢吧！

赵中华老师语录：

1. 吃苦不是一个受苦的过程，而是一个享受的过程。

2. 人随时可能因为各种原因经历彷徨，但每当回味起当年吃过的苦，受过的伤，内心就会瞬间生起力量。

3. 苦痛的历练让一个人学会了坚持，而坚持到最后的成果，往往带着早春初蜜一样的甜香，滋润着你的世界，也因此幸福了你整个的人生。

独立：不独立思考，总问别人怎么办

家长问：现在发现孩子的依赖性太强了，什么事情都问我该怎么办，我说："为什么一定什么事情都问我呢？如果有一天我不在你身边，你难道还什么事情都不干了吗？"结果孩子给出了一个气人的答案："那我去问别人啊？"我说："你就这么不相信自己吗？"他说："不相信，自己是最不值得相信的。"天啊，老师，遇到这样的孩子，我到底该怎么办？

老师答：首先要搞清楚的是，他为什么不愿意相信自己，很多人之所以对自己不相信是源自一种安全感的索取，因为自己的想法不足以让他们获得安全感，所以才会意味着将这种需求投射到别人身上。如果这个时候，我们能有一个正向的干涉，让他体会到相信自我判断的好处，那么或许下一秒，他们就再也不会像以前一样眼睛看着别人，其主要原因就在于，他们已经可以动用自己的智慧，将自己变得强大而完整了。

原文：

心之官则思，思则得知，不思则不得也。

译文：

心这个器官职在思考，思考才能获得，不思考便不能获得。

————————

当下很多父母都在头疼一件事，那就是现在的孩子依赖心理实在是太重了，一遇到问题就直接推给别人，丝毫没有想要自己动手解决问题的想法。在他们的心中，自己想不出办法是情有可原的，但是别人说自己不知道就是不可原谅的。比如一个朋友，就曾经跟我抱怨自己家儿子的一桩糟心事儿：

那天儿子从学校回来，放下书包就冲到了玩具的世界，我本来也没有理会，可没一会儿的工夫他便开始说："爸爸，我渴了怎么办啊？""渴了就去喝水。"我说。"我想喝冰镇橙汁"儿子嚷道。"那就自己去弄吧。"我说。"我不知道怎么弄，每次都是妈妈给我弄，你帮我弄吧。"儿子说道。"你这么点事儿都不会自己解决吗？尝试着弄一次，下次就知道怎么弄了。"我下意识地说，其实就是想看看他到底有没有自主解决问题的能力。

结果令我太失望了，这个糟心的孩子，竟然干脆渴着自己在屋子里闷气，一坐就坐了好几个小时。等到妈妈回来的时候问他："天这么热有没有喝水啊。"他还抱怨说："哼，我想喝冰镇橙汁，爸爸却让我自己弄，这么烦琐的程序，我根本不知道怎么弄，所以就渴到了现在。"看着他一脸有道理的样子，我的内心难以平静，现在的孩子，这么简单的一件事，都不愿意动脑子，以后还能成就什么事情。可就这样，我的爱人还将怨气撒在我的头上说："孩子想喝你就给他弄呗，怎么什么事情都要我回来动手，真是的。"听了这话，我的气更不打一处来，干脆甩了一句："你就这么惯着他吧。"随后便回到自己房间撞了门。

记得小时候，当我们懒于动脑时，父母会给我们讲这样一个故事，说有这样一个孩子，什么都不会，什么都要父母包办，衣来伸手，饭来张口，后来有一天父母被迫要离开他远行，临走的时候，就做了一张好大的饼套在他的脖子上说："饿了就吃这个吧，爸爸妈妈一个月后就回来了。"结果怎样？这个孩子的眼睛只知道眼前那么一点，等到前面的饼吃完了，便觉得再没有东西吃了，他就这样绝望地坐着，从来没有想过，倘若这个时候，能够把眼前的这部分，转换一个位置，就还会有东西吃。结果就在这样的惰性思维影响下，一个月后父母回来的时候，这个孩子，已经饿死了。

之所以这个故事让我这么印象深刻，起初是因为这样的人世间少见，但随着年龄不断增长，我才下意识地发现，尽管这样的笑话不常有，但这样的惰性原理却是很多人行动力上的缩影，不管是孩子，还是成年人，当他们养成了依靠别人的坏习惯，当他们不再下意识地凭借自己的力量，他们就会因此而渐渐丧失自我，而对于一个没有主意，没有主见，没有创造力的人来说，是很难在这个世界上立足的。

举个成年人的例子，我曾经遇到这样一个姑娘，她从小就对自己的想法没有自信，不管出现了什么样的事情，都要借助于别人的判断力。就连今天买西瓜还是买桃子，都要打电话去询问一下父母的意见。在工作中，她的眼睛总是看着别人，结果多次被别人利用，看着别人都升职了，自己却始终在原地打转。在生活中，她事事都要依靠于朋友的建议，一旦对方有一点点的不开心，她就会因此而神情紧张，好像整个人失去了主心骨，不惜一切代价地去讨好对方，其原因就在于，她真的不想因此而失去对他人的依靠。就这样，他的人生，始终都在被动中消沉，直到眼前的一切发生巨变，她失去了工作也没有了朋友，绝望才促使她下意识地做出改变，因为倘若此时再去逃避，那么后面的自己会因此而失去更多。

所以各位父母们，你们真的想让自己的孩子成为这个样子吗？古语有云："授人以鱼，不如授之以渔。"人生中虽然会让一个人得到很多，但唯独只有三件事不会失去。第一个就是学到的东西是自己的。第二个，秉持的创造力是自己的。第三，自性的心态是自己的。这三件事决定了我们的人生，也决定了我们将要以怎样的角度面对问题。倘若一个孩子，在自我创造力的发育阶段，一味地只知道向父母问："怎么办？"那么他的未来，必然是令人担忧的。因为作为父母我们知道，我们不可能为他解决所有的问题，尽管此刻，过来人的经验，能够为他们提供助力，但是面对未来崭新的社会，激烈的竞争，当我们老去，渐渐成为时代的沉淀，当我们开始对外在的新鲜事物倍感生疏，当我们反过来开始用求助的目光凝望后代的时候，你希望他们以怎样的状态去回应我们的渴望呢？

其实，很多父母早已经意识到了问题的关键，却不知道究竟应该以什么样的方式去引导孩子，这才是当下孩子对我们过分依赖的原因所在。或许我们给了他们太多的安全感，或许我们总是在过分的放手，很可能会因此带来更多的麻烦，或许我们总是因孩子无助的目光而心怀不忍，但就前途而言，这是他们的必经之路，与其挡在那里，不如站到一旁，这时候你可以说："我真诚的爱你，我从来没有离弃你，我就站在你的身边，关切鼓励的凝望你，我之所以没有事必躬亲，只是为了能够让你遇见更好的自己。"

那么怎样锻炼孩子独立思考的习惯呢？完成这三个重要环节，就可以快速而有效地达成目的：

第一，给孩子足够创造的空间，在他开始思考和行动的时候，不要去打扰

很多孩子之所以没有创造力，不愿意积极独立地去思考，在于他们刚开始下意识地去思考和行动的时候，就会受到大人各种各样的干涉。他们会说："你这件事应该这样做。""哎呀，只要这么简单的一弄不就完了吗？"如此一而再再而三，看似是在帮助引导孩子，实际上是给予了他一个错误的暗示："永远有比我更明智的人，他们会向我提供更可靠的方法。所以我无须再努力，只需要听他们的就好了。"

因为自己的思想总是得不到支持，所以才会不断地对自己产生怀疑，因为内在世界不断地受到干涉，也就无意识地习惯了别人的操持，这对于孩子的成长是相当不利的。

所以想要让孩子独立自主地思考问题，那就要给予他们足够自主的空间，而当他们真正开始以自己的方式进行探索的时候，就不要刻意地去扰乱他们的思维。因为不管结果如何，这都是对他们自主行为的一种支持，不管方法是不是到位，至少他们在不断地尝试，这种自我创造力是需要循序渐进地去催化成就的。倘若这个时候，稍不矜持，就会前功尽弃，孩子很可能会因别人的干涉而陷入焦虑和凌乱，因为这种感受着实不爽，所以在下一次的时候，下下次的时候，他的表现就真的令人担忧了。

第二，允许他们犯错，因为这个经历对他们的创造力来说弥足珍贵

很多父母都担心孩子自主的思考会在生活中制造一个又一个的麻烦，例如曾经有一个朋友说，自己的儿子，趁大人不注意竟然拿改锥把自己刚买的手表撬开了，随后他将表芯所有的零件拆卸下来，津津有味地观赏着，直到自己想要将一切重新复原的时候，却发现眼前的世界突然凌乱了。本来是想发一通火的，但想到孩子此时行为核心无外乎是在进行自主的探索和思考，他最终还是抑制住了自己的情绪，和儿子坐在一起，费了九牛二虎之力，才把手表重新组装起来。

很多孩子之所以在思考独立上放不开，原因就在于害怕父母会因此而严厉地批评自己，这也就是很多孩子，为什么会顺理成章地把一切事交给父母办的原因之一，因为他们觉得，只要一切是父母办的，他们就会为此负责，自己就可以堂而皇之地逃避责任，但凡出现了问题，自己所要承担的永远是凤毛麟角。与其让他们自小就形成推卸的意识，不如就此放开，真诚地去理解他们、支持他们、告诉他们："不要担心犯错，每一次错误后面的经验，都是弥足珍贵的。"

第三，成为孩子永远的鼓励者和支持者，但不要成为那个帮他们解决问题的人

很多孩子在面对困难的时候，总会陷入无助的境地，这个时候他们会自然地将求助的眼睛投向父母。这时候有些父母会冲上去说："我来帮助你解决这个问题。"但事实上，这个时候，你所要给予的不是你的智慧，而是要付出自己所能给予的安全感。你可以静静地站在他的身边陪伴他，但不要插手于他的分内事。你可以在一边不断地鼓励他、支持他，但这并不意味着你要去成为那个帮他解决问题的人。当时间一分一秒地过去，他会慢慢意识自己内在的强大，他的灵感会伴随着信心而自然涌动，而在这样的催化下，他的智慧才能在真正意义上得以调动，他才能真正体会到自主解决问题的成就感。

孩子迟早会长大，尽管眼前的他不过还是一个个子矮矮的小不点儿，或许有一天他会意识到，这个世界上最值得相信的人就是他自己，或许有一天他会理解我们的沉默，因为一味地把决定权交给别人，是人生中最大的不明智。或许有一天，他们会站在我们的身边，动用他自主而强大的智慧，来帮我们解决问题。你不再是他的依靠，而成为了那个去依靠的人，这样的场景是如此的温馨，如此的令人心驰神往，但眼下最重要的事情，就是给予他们信心，一切的分内事，让他们自己说了算。

赵中华老师语录：

1. 一个丧失独立思考能力的人，等同于丧失了生命中美好的一切。

2. 过分依赖别人，就等于无条件地接受他人的私欲。

3. 倘若意识和行为都不能独立，此生唯一的选择，不是做自己，而是永久地活成了别人的样子。

乐观：总把一切想得特别悲观，自暴自弃的感觉太严重了

家长问： 不知道为什么我家的孩子看待事情的角度总是特别的悲观，好好的一件事，被他那么一说，就感觉整个气氛变得低迷起来。看着别的孩子每天都是高高兴兴，自己的孩子却始终意志消沉，我真的不知道该怎么办？有一次他说："我觉得我这辈子没有什么希望了。"听了以后我整个人都懵了，小小年纪，就给自己的人生做出这样的定论，简直太令人担心了。赵老师，我到底该怎么办呢？

老师答： 孩子之所以悲观，定然是有一定内在因素的，寻找到因素所在，才是解决问题的当务之急，这时候最好的方法，就是帮助他们调整看待问题的角度，纠正他们消极的信念和意识，不断地鼓励他们、赞美他们，让他在鲜花和掌声中一点点体验到生活的美好和喜悦，这样才能有效地将负能量进行转化，重新塑造他们正向的自我精神状态。

原文：

行无辙迹，居无室庐，幕天席地，纵意所如。

译文：

行踪不固定，居无定所，把天作幕，把地当席，倒是随意畅快。

———————

说到乐观与悲观，忽然想起了这样一个故事：

从前有一个父亲，他有两个孩子，一个乐观，一个悲观。为了能够将两个孩子中和一下，父亲决定做一个试验，他把悲观的孩子，带进一个满是玩具和动听音乐的屋子里，然后小心翼翼地关上门，又把乐观的孩子带到垃圾堆旁，转身走开。大概过了一个小时，父亲前来查看情况，他推开悲观孩子的房间，发现坐在里面的孩子，正在哭泣。父亲很不解地问："这里有这么多玩具，又有好听的音乐，为什么还会伤心。""爸爸，我坐在这里，越想越害怕，我觉得你不会空穴来风地给我这么多玩具，你一定是不想要我了。"悲观的孩子一边哭，一边委屈地流泪。父亲摇摇头，又转身去看乐观的孩子，只见乐观的孩子正在垃圾堆里探险，父亲不解地问："都把你扔在垃圾堆了，怎么还会那么的开心？"乐观的孩子兴奋地对爸爸说："爸爸，我正在这里探宝，我知道你绝对不会凭空把我扔在垃圾堆的，这里面一定有玩具。"

同样一件事，乐观的孩子是一个样，悲观的孩子又是另一个样。我们不晓得从什么时候开始，自己家的孩子就莫名的进入了悲观的状态，把一切事情想得如此黯淡，总觉得他们在面对人生的时候，缺少了那么一点儿该有的勇气。究竟是什么影响到了孩子的自信？究竟是什么让他们本应乐观的天性受到影响了呢？首先别急着焦虑，反思一下作为父母，我们存在怎样的问题？面对孩子的教育引导，我们究竟存在哪些误区和过错？唯有把自己的问题看得清清楚楚，才能从根本上解决难题。

回想一下平时我们有没有用一种否定质疑的方式与孩子进行沟通呢？例如孩子兴冲冲地说自己要参加全区的少儿绘画大赛，尽管此时的你心里很高兴，但还是带着质疑的神情说："你行吗？就你那点三脚猫的功夫，第一波淘汰赛估计就会被刷下来了吧。"听到这样的评价，孩子可能会沉默，也可能会争辩，眼睛里透着一丝沮丧，仿佛刚刚燃烧起来的自信，转眼间就被送进了冰窖，这种负能量的评价，但凡从自己的父母嘴中说出来，总是要比别人多上几层分量，于是他们的小情绪开始泛滥，甚至干脆默默地退出比赛，或许这个时候，作为父母的你才突然意识到不对劲，再去问他为什么的时候，他已经不愿意再回答什么，内在的悲观，不断地涌动着内心的委屈，以至于最终难以再用积极的方式对待自己，他们开始自暴自弃，开始不愿意再参加任何涉外活动，因为总觉得自己无法兑现家人的期待，所以干脆就不做了事。

除此之外，每当孩子在人前犯错的时候，很多父母会快速地做出反应，对孩子进行训斥。"你怎么这么笨，做事情毛手毛脚的，长大也没多大出息。"不单单这样说，等到说完还要转过身，当着别人的面好好地揭上几个短："现在的孩子对什么都不上心，三分钟热乎气，花那么多钱报这个班报那个班，人家小朋友都可认真了，你再看看他，能学出个什么东西，真是头疼死了，怎么生出这么个不积极上进的东西。"试想一下，当孩子不过是不小心把食物掉到了衣服上，不过是不留神摔了一跤，却因此受到了大人这样的评价和指责，他们幼小的心灵，究竟会经历怎样的伤痛呢？

我就曾经看到有个孩子，表面上沉默不语，后来自己一个人独自转到洗手间去哭泣，觉得自己的尊严受到了很大的打击，觉得自己什么都做不好了。他一边抹着眼泪，一边狠狠地对自己说："我就是什么都不行，怎么了，你不是说我不行吗？那我就狠狠地花你的钱，然后还让你从我这里得不到任何骄傲。"

想想吧，倘若一个孩子从小就因为各种各样的质疑、奚落，在一系列的负面评价中长大，相比于那些始终生活在父母的爱、关心、鼓励和掌声的孩子，他们究竟会因此而缺少什么？事实上，很多孩子之所以会悲观，原因就在于父母教育引导中错误的暗示和斥责。曾经有一个性格悲观沉默的年轻人，回忆起当年父母的教育时就说："当时自己每天都过得很小心，好像自己随时都可能犯错，以至于家里一个碗碟碎了我都会很紧张，即便这个碗碟不是我打碎的，父母也会顺便捎带上我，说我是个毛手毛脚的人。所以后来，我开始对自己产生怀疑，甚至认同接受了他们的评价，多年以来，我始终都觉得自己能力很差，无法承担重要的工作，每当工作来临的时候，我就会陷入被动，只要领导表情上稍有不自然，我就会觉得这件事，与我有关。"

想想看，倘若现在的孩子将这种悲观意识像这位青年一样延续一生，那他的生命中将少了多少快乐和快乐所赋予的成就感呢？所以作为父母，在反省自我的同时，要看清问题的症结，唯有及时更正错误的教育理念，切实地掌握正确的方法，才能在真正意义上为孩子提供助力，让他们得以微笑着面对生活中的每一个当下。

那么怎样才能强化孩子的乐观意识呢？做到这三点，用不了多长时间，你的孩子就会因此而发生改变。

第一，不断地给予孩子支持，赞美，和鼓励

想要让孩子拥有恒久的乐观主义精神，首先父母要对他的乐观、自信给予强大的支持和鼓励，每当孩子向父母展现他的杰作时，作为父母千万不要因各种原因而消极懈怠，而是要不断地给予认同、赞美和掌声。事实证明，那些从小不缺少赞美和掌声的孩子在性格上会更积极乐观，更豁达自信，即便面对困难，他们也毫不畏惧，始终觉得那是一场生命中不可或缺的游戏，而自己一定是最终胜出的那一个。

因为从小到大，他们始终活在父母的赞美和鼓励中，也始终不知道什么是失败，即便是在别人眼中糟糕透了的生活，在乐观人的眼中也可以过的有滋有味，很显然，他们看待人生的角度与一般人不同。

第二，与孩子一起分析，重新找回内在的动力和勇气

所有的消极信念中都暗含着积极的意义。当孩子习惯性地以消极的信念面对生活的时候，父母应该最大限度地和孩子一起分析问题，纠正他们信念中那些令自己痛苦的成分，然后一点点地把他们带回到正能量的轨道。而这样良好的开始，可以先从纠正他们说话的方式出发。

比如：如果这次考试再没进到前十，那就糟糕透了。

父母可以纠正为："我距离前十已经不远了，一切只是时间问题，能不能进入前十不是什么终极目标，至少我看到了自己的进步，这是一件值

得高兴的事情。"

比如："我总是没有月月做得好，尽管我已经很努力了，但感觉自己永远都不可能超越她了。"

父母可以纠正为："月月确实是一个很出色的人，但我自己也很努力，我现在应该挖掘一下自己内在隐藏的优势，这样每当想起他们，就会体验到生命的富足。"

就这样，每天和孩子做个游戏，跟他们聊聊天，然后找一张白纸，将他们的消极信念记录下来，然后引导着他们将负能量进行巧妙地转化。时间一长，积极的思维模式，就会替代掉固有的消极模式，意识转变了，行动就会自然而然地发生变化。

第三，多和快乐的人，快乐的事情在一起

著名的诗人鲁米曾经这样写道："如果你遇到了一个悲观的人，可以同情他，却要远离他，因为这个世界没有人愿意和痛苦在一起，作为一个快乐的灵魂，本应是跟花园里的花朵待在一起的。"很多时候，负能量会在人与人之间，相互传播，倘若身边的朋友都是负能量的携带者，那么即便你再想乐观，也是很难达成目标的。

所以作为父母，不但自己要在孩子面前展现出乐观的一面，还要尽可能地带他结交几个积极乐观的朋友，当他每天都和快乐的人、快乐的事情在一起，他的内心就会因为这种良性的互动发生改变。他的意识会因此越发的积极，看待事物的角度，也会朝着一个乐观者的方向发展了。

当我儿子产生悲观念想的时候，我总是开玩笑地对他说："爸爸现在没听见你说话，听见你身后那个悲观的小魔鬼在说话，它好像在说：'哇，现在他对自己产生怀疑了，我们来给他捣捣乱吧。'于是……它们开始在你这个小家伙的内心散布谣言，直到让你信以为真，而事实上，你一直很棒，只要肯付出，做什么事情都能成功，你不相信吗？这些话不是我说的，是你心里那个全能的超人告诉我的。"每个孩子的心里，都住着一个乐观超人和一个悲观恶魔，作为父母，我们要做的就是将恶魔驱散，唤醒孩子内在超人般的能力，事实上这并不需要花费太长的时间，只需要你拿出坚定的信念，不断地鼓舞靠在你身边的那颗幼小的灵魂，或许过不了多久，你会突然发现，眼下的他们俨然和失落的过去判若两人了。

赵中华老师语录：

1. 带着笑的人，运气永远不会太差。

2. 乐观是一种人生的态度，带着这种态度迎接人生，赢的概率会更大一点。

3. 每个人的意识中都存在悲观的影子，倘若能够意识到，那不是自己，便可以有效地与它划清界限，摆脱它的控制，并因此收获最为纯粹的平静、喜悦和自由。

第五章

情绪的反应，注注是他欲求的表达

愤怒：暴怒的脾气，恨不得要把家掀翻了

家长问： 现在的孩子真的不知道怎么管，一个个脾气都那么大，本来好好的，突然不知道触动了哪根儿神经就开始发脾气，而且越是不理他，他脾气越是会泛滥，那种状态实在让人摸不着头脑。有些时候，觉得他的发泄真的是没有理由的，可是就跟雷霆闪电一般。面对这样的孩子究竟应该怎么办呢？

老师答： 孩子之所以出现这样的情况，主要原因在于，他们的内心世界始终在捍卫着一种平衡，他想要用这种愤怒的方式去引起大人的注意，想要以这种狂躁的方式要求我们按照他的方向去做。这显然是不能成立的，倘若想要抑制住这样的行为，就要看清原因，掌握一定的方法，这样怒火就会自然降温，即便是有了苗头，也掀不起什么大波澜了。

原文：

治心治身，理不必太多，知不可太杂，切身日日用得着的，不过一二句，所谓守约也。

译文：

无论修炼心智，还是调理身体，道理不必讲得太多，只是也不可太过杂乱，每天切身有用的不过一二句罢了，这就是守约。

———————————

很多家长跟我说，现在的孩子都是暴怒脾气，你不知道什么时候就把他的火儿点起来了，紧跟着就是不计后果的发泄，玩具摔了一地，东西随便乱丢，整个小脸通红的，在那里一个人暴虐地咆哮，那种感觉就好像一只发了怒的小河豚，整个样子吓人极了。每当看到这样的阵势，父母都不知道该如何是好，你说揍他一顿吧，感觉自己不够矜持，一巴掌打下去，整个心都快碎了。你说哄他吧，又怕把他惯出一个毛病来，未来动不动就来个小脾气，到时候，自己想震慑都震慑不住了。

针对这个问题，到底该怎么办？孩子的世界本没有太多的道理，不开心就是不开心了，发脾气就是发脾气了，你不用刻意去猜，这里面到底藏着什么心机。很多孩子自己内心的声音，俨然已经融入了他高昂的声调中，他会毫不迟疑地袒露自己的内心，甚至会高声地将自己的痛苦表达出来。但每到这个时候，父母考虑的问题，不是认真倾听，而是想着怎样能够快速地将孩子的威势震慑下去，让他快速地恢复平静，有效地抑制这种负面情绪的破坏力。当然这也无可厚非，作为长辈，尤其是我们这一代人，堂而皇之地对父母发火儿，往往沾染着一些不孝的概念，以至于最终，我们省略了他们一切表达的内容，直接以比他嗓音高上八分贝的音量，大嚷道："你不可以跟我这么说话，懂不懂规矩？"

要说这样的引导方法，可能能震慑住一时，但是孩子内在的火气真的消解了吗？倘若你没有帮他切实地解决问题，明白其中的道理，恐怕这种愤怒的火苗会一直在他的心中燃烧着，倘若这个时候，顺势产生一些错误的信念，那毫无疑问，很可能就是影响他一生的隐患。

比如我曾经遇到一个成年的小伙子，长得很英俊，身材也很魁伟，但就是这么一个男孩子，身边却没有朋友接近。后来我才知道，这个人的脾气很大，而且常常给人一种自以为是的感觉。每当别人提出不同意见的时候，他总是趾高气扬地想要压制对方，倘若别人的情绪稍微有一点儿激烈，以至于让他的内心感受到了威胁的存在，他就会干脆站起身，以高出好几分贝的调子予以驳斥，言辞极其激烈，根本让人难以忍受。于是就这样，几段交往下来，大家都开始下意识地对他敬而远之，他也经常因为这件事很苦恼，但是到了关键时刻就是难以抑制自己的糟糕情绪。

于是我问了他一些关于他小时候的经历，他说："那时候我的爸爸脾气很不好，我在家过得很压抑，我妈妈又是一个很顺从的女人，以至于每当我受到训斥的时候，她从来不会跟我站在一边，而是不断地对我说：'你爸爸批评你是有道理的。'有一次我无意识地顶撞了父亲，没想到他一个巴掌上来，冲我怒吼道：'谁让你这样跟我说话，不满意给我滚。'从此以后，我的脾气就变得极为暴躁，我对别人的激烈反应很敏感，以至于将愤怒变为了保护自己的本能。其实有些时候我自己也很讨厌我自己，为什么自己活着活着就成了我爸爸的样子。"

看看吧，错误的教育引导会给一个孩子带来多么严重的伤害，倘若现在你依然想用自己的震慑力去压制住孩子的愤怒，那么现在就可以告诉你，这条路真的是行不通的。

那么究竟怎样才能有效地抑制孩子的愤怒呢？其实也很简单。首先我们需要明白的是，愤怒是一种正常的情绪反应，每个人都会因各种原因产生愤怒，对于这样的一种相对爆发性强的能量，我们没必要去压抑，而是要教会孩子如何以最恰当的形式，表达自己的愤怒。这样一来，内心在因过分的抑制而出现心理问题，整个身心的负能量也得到了合理的释放。如果一个孩子从小就能有效地调整和管理自己的情绪，那么对于他今后的发展，是大有益处的。

下面结合个人经验，我为大家推荐几个步骤，能够帮助孩子有效调整愤怒情绪的方法：

第一，和孩子一起讨论发怒的必要性

当孩子产生愤怒情绪的时候，作为父母，在刚刚看出端倪的时候，就应该快速地做出反应。我们可以说："哎呀，感觉愤怒的小魔头在宝宝头上作祟啊。告诉我现在它又要让你失去什么呢？"

之所以会这么问，主要原因就是要把孩子快速地从发泄状态转移到平静的讨论状态，我们可以提前跟孩子一起做出一个简单的分析清单，比如说是这样的：

愤怒分析清单

当我发怒的时候，我可能会失去的东西。

1. 如果我向朋友发怒的话，我可能会因此失去朋友。

2. 我向老师发怒的话，我可能失去老师的信任。

3. 我向自己发怒的话，我会因此变得更痛苦。

4. 我向父母发怒的话，我会因此给他们的心带来伤害。

5. 我向玩具发怒的话，很可能会把玩具摔坏。

6. 我向小猫发怒的话，它很可能会因此受伤。

……

这样一条条罗列下来，孩子就会清晰地看出，假如自己不能很好地控制情绪，那么自己很可能会因此失去什么。这时候我们就可以恰到好处地引导说："倘若是这样，自己控制不住，也是要承担相应的责任哦。如果真的有什么美好的东西失去了，你觉得你发脾气真的划算吗？"

第二，一起分析愤怒的主要原因

当我们对孩子发脾气所造成的后果提前进行分析以后，孩子可能会说："可是问题来了，我控制不住怎么办？"如果是这样，那么接下来的一步就显得非常重要了。

正所谓出现问题解决问题。既然情绪上来了，就要一起分析原因，看看究竟是因为什么有了愤怒情绪。这时候不妨再拿出一张纸，让孩子自己写，看看原因究竟在哪里。

这时候孩子可能会说：

我回来很想看电视，可是妈妈却训斥着我，让我先写作业。

我和邻居家的男孩儿吵架了，结果爸爸还批评我。

老师说我学习不努力，其实我已经很用功了。

我们在球赛中输了，那种感觉很不爽。

我想要的玩具，爸爸不给我买。

······

有了这些原因，我们便可以更透彻地看清孩子心中所想，这样才能更有效地根除症结，将孩子想要发怒的状态扭转过来，和他一起去探讨，究竟怎样才能更有效率地解决问题，更有效率地调整情绪，毕竟很多事情，并不是发泄了愤怒，就可以成全一切。与其用愤怒的方式去诠释痛苦，不如花更多的精力去面对问题，这样一来孩子就会渐渐意识到，想要最大化地满足需求，最好的方式就是平静地去思考，而不是通过这种过激的情绪，毁灭了本来存在的机遇和起点。

第三，愤怒来的时候，提前预警

对于孩子的愤怒，我们可以提前帮助他们设定一些信念，这些信念会成为他们情绪激动时候的一个预警，每当遭到愤怒侵袭，这些信念就会自动地进入孩子的意识，犹如一种强有力的警示，帮助他们重新平静下来。

比如我就曾经对儿子说："儿子你知道吗？这个世界上，最能打仗的人，从来不会愤怒；这个世界上真正的英雄，从来不会受到情绪困扰；这个世界上最了不起的人，从来不会被生气打败。你愿意成为这样的人吗？"

后来这些话成为了他意识中的座右铭，每当自己马上要情绪激动的时候，他都会下意识地停下几秒，甚至于嘴边还在喃喃地说："善战者不怒……"就这样，慢慢地，孩子就逐渐可以利用正确的信念管理和控制自己的情绪。而事实上，为了他心中的那个英雄梦想，他也必须要这么做。

第四，教会孩子以最健康的方式表达愤怒

孩子心中产生了愤怒，你不让他表达出来，就等于让他将整个的负能量憋在心里，这样的闷气生多了，对他们的身心健康是非常不利的。

所以，我们一定要为孩子寻找一种最健康，最合理的情绪表达方式，这时候教会他们一些话术，并有效地指导他们按照话术的流程去陈述愤怒，这样可以有效地帮助他们释放内在的愤怒能量，同时也能够赢得他人的理解、认同和关心。

比如对待父母，我们可以帮助孩子这样设计话术：

今天，妈妈你把我的玩具弄脏了（陈述事实），我很生气（表达情绪）。我知道这里面有很多原因（表示包容，理解）。但是我现在的情绪很差（陈述自己的状态）。我想说的是，你有什么办法能帮助我消解当下的痛苦吗（寻求和解）？

当这一系列的话被陈述出来，内心的激烈反应，也将一步步地伴随着信念信息的强化，而慢慢地消解。这时候，作为父母，我们可以给孩子提出更多的宝贵建议，而此时即便他情绪依旧没有完全转化过来，至少也可以将你百分之八十的话装进心里了。

对于愤怒而言，解决问题的方法未必一定是极端的，作为父母，我们的目的无外乎是要帮助孩子掌握有效调整自我情绪的方法，帮助他们沉着应对生活中大大小小的负面情绪。我们需要让孩子意识到负面情绪的破坏力，也需要让他们意识到自己将因此所担负起的责任。当一切明确地摆在眼前，当自我调整成为他们生命中自然而然的习惯，这意味着他们将在生命的旅程中少去很多不必要的麻烦，也意味着他们将更有效地把握人生的机遇和未来。而从一开始，都源自于父母的给予，倘若你不想让他们明天在情绪的伤痛中懊悔，那么就从现在开始行动起来，帮助他们开启情绪自我调控的方法和智慧吧。

赵中华老师语录：

1. 有智慧的人，就是在不同的时间，不同的空间，扮演不同的角色。

2. 每个人来到这个世界，都会给自己设置一个身份。

哭泣：现在，哭泣俨然成为他控制我的手段

家长问： 现在觉得，孩子哭泣已经成为他们要挟我的手段，尤其是在人多的地方，倘若你没有顺他的意就一屁股坐在那里大哭起来，那时候您知道我的感觉吗，既丢人又不知道该如何是好，他好像早就知道这招特别好使，可我却不知道该怎样应对？有这样一个难缠的孩子，作为家长，想推行自己的教育实在太难了。

老师答： 针对孩子的哭泣，其核心目的无外乎是想促成自己心中的欲望，那么与其在现象上较真，不如转变方法，告诉他怎样才能真正快速地达成自己的心愿。当你将更好的方式分享给他的时候，冥冥之中已经宣告了这种方式的无效性，他会很快忘记哭泣这个筹码，因为不管是谁，结果总要比方式更具有诱惑力。

原文：

子曰："不怨天，不尤人，下学而上达，知我者其天乎。"

译文：

孔子说："不怨恨上天，不责怪别人，学习平常的知识而懂得高深的道理，了解我的只有上天吧。"

————————————

有一次陪着孩子去商场，看到一个大人正一脸无奈地看着自己的孩子，此时他的孩子正坐在地上一边看着他一边哭泣，而且哭泣的嗓音越来越震撼，搞得身边的所有人都跟着揪心起来。问及原因，其实也不是什么大不了的事情，就是妈妈没有给孩子买心爱的玩具，孩子因为没有满足内心的欲望，而干脆坐在地上撒泼，而此时的母亲，随着围观的人越来越多，表情上也是十分的尴尬，她不知所措地经历着这一切，不知道自己是应该训斥孩子，还是应该放下身段安慰他，看着她一脸的茫然，我深深地叹了口气，倘若她能够来上我的课，那么这样的难题以后就不会再成为难题了。

一路上我都在思考这个问题，现在的孩子很多时候都是在用哭泣表达自己的欲望，这似乎是与生俱来的一种本能。想想吧，在孩子还很小的时候，想喝水会哭，想吃奶会哭，想上厕所会哭，想要妈妈抱抱会哭，哭表达的是他们内在本能的需求，而这个时候，作为父母，会尽其所能地照顾他们，满足他们，而这种照顾和满足，在为他们提供安全感的同时也在不断地强化着一个意识，那就是："如果我有需求的话，只需要放声哭泣，只要我哭泣了，就可以得到任何我想得到的东西。"

于是，当孩子渐渐长大了一些，尽管他们学会了走路，学会了吃饭，学会了与人沟通，但是这种本能的潜意识，却没有得到有效的转化，以至于当他们看到自己想要的东西时，当他们感受到拒绝时，就会本能地采取哭泣的原始方式，妄图达成自己的愿望，继续让父母满足自己的欲求。这种感觉，好像是一种对父母潜在的威胁，倘若自己的欲求得不到满足，就必然要哭个惊天动地，直到爸妈妥协，直到他们继续用各种方式满足自己。

很多父母都对孩子的这种做法很来气，却又不知道该怎样有效地处理这个问题，于是，我们随处可以见到当街哭泣撒泼的孩子，也随处可以见到看着孩子不知所措的父母。那么面对这样的问题，我们应该采取什么有效的措施呢？其实也很简单，只需要我们帮助孩子将这种潜在的意识进行转化，让他们能够意识到，原来这个世界上，有比哭泣更好用的方法来实现自己的愿望，那么这个时候，他们就会很快很积极地进行自我转变，告别原始阶段的欲求表达方式，以一种更智慧，更成熟的方式去赢得自己想要的东西。下面仅以我教育孩子的一些经验，给广大的父母做一个借鉴吧。

这天孩子跟我上街，看到街边有卖玩具的摊位，便瞬间被眼前的玩具吸引了。我看出了孩子的心思，但因为感觉玩具的质量堪忧，所以不打算给他买什么。这时候孩子看上了一个变形金刚，摆出一脸撒娇的模样让我给他买，我摇摇头，对他说："家里有好几个变形金刚，我觉得这个变形金刚不适合你。"

听了这话，孩子顿时来了脾气，坐在地上抱着变形金刚哭泣起来："它怎么不适合我了，我就喜欢它。"看到这架势，我心里也是来气，想不到这小子竟然给我唱这出戏，那就继续演下去吧。

于是我就站在他旁边一言不发，他就在那里哭了很长时间，直到自己都觉得有些累了，我才蹲下来问他："你觉得哭泣的作用大吗？与其在这里声嘶力竭地表演，为什么不问问爸爸，怎样才能得到自己心爱的玩具？爸爸对你的哭泣爱莫能助，但是爸爸却可以在第二件事上为你提供助力。"

"那，那我怎样才能得到我心爱的玩具？"孩子问道。"第一，要说出自己购买玩具的道理。"我说道，"购买玩具本身没有什么错，但是至少要以征询的态度与爸爸达成意见的一致。第二条，成熟的表达自己的需求和感受，让我能够真切地理解你的想法，而不是坐在这里想要挟谁。第三条，力求在互动中和爸爸维系喜悦的空间和氛围。倘若你这个时候搞乱了彼此的心情，那么谁还会继续支持你完成自己的目标呢？第四条，停止无休止的抱怨，尤其是在这个目标暂时无法兑现的时候，终止一切的负面情绪，为自己订立一个长期的目标规划。第五条，给自己一段沉淀的时间，看看两三天以后，自己是不是仍然觉得自己有必要拥有它，如果心中依然渴望着这个玩具，到时候可以和爸爸一起探讨，如果突然间感觉自己不需要它也可以玩儿得很开心，那么这很可能意味着，你可以拥有一个与之相比更适合自己的玩具。第六条，也是最重要的一条，你最好能够告诉爸爸，当你拥有玩具的时候，爸爸能够因此得到什么。这样也可以调动爸爸的积极性，去更用心地帮助你兑现自己的愿望。"

看着小家伙懵懂的样子，我摸摸他的头说："儿子，在这个世界上，想要得到自己渴求的东西，就要动用自己的智慧，让别人心悦诚服地为你付出。而哭泣这种方法是所有方法中最行不通的，它只会让别人察觉到你的无能，却影响不了任何人的选择。所以，如果你真的渴望拥有一件东西的时候，最好的办法是开动你的脑筋，而不是以各种形式发泄你的抱怨，唯有这样，你才会距离目标越来越近啊。"

听了我的话，孩子低下了头，他并没有多说什么，只是将玩具默默地放回摊位。回家以后，我找来了一张纸，和孩子针对今天的事情，重新订立了一张君子协定，将今天讲到的所有条款罗列下来，并再次强化他的意识，告诉他，哭泣的形式不会让一个人得到更多，相反还可能给自己带来不必要的麻烦。当整个状态恢复理性后，小家伙也保证自己再也不会做这样愚蠢的事情。从那以后，我开始不断训练他，如何有效地表达自己的欲求，我会在他表现好的时候给予他适当的奖励，他也因此得到了很多自己心爱的玩具。在这样的不足与转化下，哭泣表达的种子渐渐淡出了他的世界，他也因此变得更加智慧，更加理性，在行动上也更为积极了。

孩子之所以会以哭泣的方法去表达欲求，是因为我们让他觉得这样做能够很轻松地得到他想要的东西。从这一点来说，把握他的心理动机并不困难。这时候我们没有必要将自己的情绪、自己的想法和心理意识掺杂在他们的世界里，觉得他们已经把握了自己好面子的心理，或者还有其他更进一步的企图。一件事，以简单的形式转化，远远要比烦琐的求证更容易达到目的。这个时候，我们只需要将问题的根源看清，有效地将弊端进行转化，就可以有效地强化他们的意识，让他们以更智慧，更理性的方式去表达自己的需要，这是他们在成长历程中一个非常重要的蜕变，从这点上来说，父母对孩子的作用是至关重要的。

赵中华老师语录：

1. 你模仿谁，就能成为谁？
2. 外在的一切都是内在的折射。
3. 问题是线索，解决是查资料。

焦躁：那天没考第一，整整难过了一个星期

家长问：我承认我的孩子是一个很有好胜心的人，前段时间他的成绩受了一些影响，因为没有考第一，整个人都像自我沦陷了一样，小小年纪，竟然失眠，那种焦躁的情绪连我都被影响了，面对这样的焦虑，作为父母怎能不心疼，可又该怎么办呢？

老师答：之所以焦虑无外乎是对眼下自我状态的不满意，但是人生哪儿有那么多完美？告诉孩子，适时地允许自己不完美，因为当一个人全然接受自己，全然欣赏自己的时候，他才会从诸多不完美中，洞察到自己生命中最珍贵的东西。

原文：

宠辱若惊，贵大患若身。何谓宠辱若惊？宠为下，得之若惊，失之若惊，是谓宠辱若惊。

译文：

受到宠爱和受到侮辱都好像受到惊吓，把荣辱看得与自身生

命一样珍贵。什么叫宠爱和受辱都感到惊慌失措？得到宠爱感到格外惊喜，失去宠爱则令人惊慌不安，这就叫得宠爱和受辱都感到惊恐。

———————

有一次一个小同学给我写信说："赵老师，在我心中，您是我最值得信任的老师，现在我觉得我的生活遇到了一些麻烦。之前我是班里的班长，而且连任了三年，班里的同学已经习惯了我当班长，也非常认同我的位置。可是现在，我们换了一个班主任，老师重新选定了新班长，那个位置已经再也不属于我了。我心里很痛苦，以至于觉得别人看我的眼神都不对劲了。我每天上学的时候，头都埋得很低，每天都是一副小心翼翼的样子。我觉得没有了这个身份，是件很丢人的事情，我时常因此而焦躁不安，学习成绩也一落千丈，我觉得我的自信在被我的焦虑打败，这种感觉实在是太痛苦了。我试图去跟我的爸妈交流，他们总是说，当不当班长没有那么重要，重要的是一定要把学习成绩搞上去，他们除了关心我的学习根本就不理解我的心思，所以我偷偷地写下这封信，您能告诉我，我到底应该怎么办吗？"

看到这封信的时候，我料定这是一个爱拔尖的孩子，他的心中有一把严厉的尺子，时刻鞭策着自己一定要成为全班乃至全年级同学眼中最闪耀的一个，倘若这个时候，他不是那个最，他就会浑身不舒服，紧跟着一种被人超越的焦虑油然而生，感觉整个天都要塌下来了。倘若没有曾经的得到，或许就不理解失去的时候有多么痛苦，虽然小时候的我，在大家眼中极为寻常，并不是学习成绩最优越的一个，但这个事实却教会了我一件非常重要的事，那就是，这个世界上，真正值得超越的人，只有你自己，而对于自己来说，我们可以对他好一点，也可以适时地对他宽容一点，我们可以允许自己有那么一点儿瑕疵，有那么一点儿不完美，必定在这个世界上，并没有真正十全十美的东西，正因为有了这份不完美，人生才会有更多追求的东西，我们才会因此活得更真实，才会有更多的空间可以挑战超越自我。这么一看，不完美反倒成就了人生的美好，如若是当下的自己一切都丰足，又怎么会有反思的空间，又怎么会站在迎难而上、不屈不挠的高度呢？

作为一个成年人，我们知道，尽管儿时的我们也曾经为了所谓的小红花而骄傲自豪过，也曾经为了所谓的三好学生而奋勇拼搏过，但随着年龄的成长，当我们踏入社会的时候，就会发现，荣誉这件事，只能随便玩玩，真正能够决定人生的，不是奖状，不是奖章，而是你真正学到了什么，你真正具备了怎样的资本和实力。而对于一个孩子而言，倘若他能够提前看清这一点，那么他人生的后续将会走得更加坦荡。

孩子应学会如何对待荣誉，对待一个满意的分数，自打有了战绩以后，心中就开始有了这种唯恐陨落的焦虑，以至于每一次考试，每一次评比的时候，内心都是紧张压抑的，如果这一次考得还不错，那自然也就过去了，但是如果成绩差强人意，老师将赞许的目光投给了别人，同学的关注点不再在自己的身上，他的整个人都会因此而陷入无限的焦虑之中。这种焦虑本身源自一种莫名的失落，源自一种消极的自我暗示，好像一场考试就敲定了自己的人生，从此自己的世界将会一片黑暗，这样的杞人忧天的感觉主要原因在于他们把手中的荣誉，眼前的得失看得过分重要了。他们的渴求从来都在自己所立足的身份地位上，却从来没有想过，在这段时间的努力筹备中，自己究竟得到了一些什么，真正掌握了多少知识。这些实实在在的东西,因为一个红色的数字,顷刻间都不再重要,细想来,这是一件多么可悲的事情。倘若这个想法不能及时纠正过来,那么未来,当孩子在经历千军万马过独木桥竞争的时候,稍有动荡就会让他们的自信城墙顷刻崩塌,到时候再想帮助他们,再去怎样引导他们,都已经太晚,因为他们从小到大都是带着这份忐忑过来的,没有了荣誉的光环,人生就会因此失去意义。尽管这一切在豁达的人看来都是浮云,但大千世界,不要说孩子,就算是成年人,能够真正看清真相的人,又有几个呢?

想到这儿,我突然想起了当年居里夫人在教育孩子问题上的正确选择。她让孩子从小拿着自己的世界级奖章当玩具,当朋友做客的时候,惊讶地发现了孩子手中的奖章,便问她为什么要这样做,此时的居里夫人只是笑笑,随后平缓地说道:"我就是让他们从小就明白,荣誉只是用来玩玩儿的,对于这些事情,不当真是最好的。"

作为父母,对于孩子的焦虑,我们其实可以做很多事情。例如,当孩子对自己当下的身份地位、分数以及可能遇到的困难而感到不安的时候,我们可以拿出一张纸,与他们一同进行以下的一些分析。

焦虑情绪分析清单

1. 当下的我,究竟在为什么而焦虑?(例如:因为明天的考试,如果考不了第一该怎么办?)

2. 我希望这件事能够达成一个什么样的目标,而且为什么要达成这个目标。

（例如：我希望我能稳稳地站在第一名的位置上，因为这样我会得到同学的认同和老师的赞美。）

3. 就这件事而言，除了眼前的得到，我们还可以得到什么？（例如充足的知识、追求的勇气、坚忍不拔的精神……）

4. 那么倘若这件事，没有向我们想象的方向发展，我们又会因此得到什么？（孩子这时候可能会消极，但父母可以鼓励孩子往积极的方向思考，例如，有了敢于接受事实的勇气，有了不屈不挠的坚持精神，开始对自己包容了，错误让最忽视的知识更为深刻了……）

5. 你觉得这是一场怎样的考验？谁对你的人生有着无比重要的意义？（孩子可能会说一些，但家长可以引导孩子向最核心的自己靠拢，例如，这是一场自我挑战的过程，真正的敌人只有自己，而重要的意义在于我们打败了内在一些脆弱的东西，不但学到了知识，而且让我们在经历整个事情的过程中变得更智慧了。）

6. 你觉得你从中学到了什么呢？（例如这个时候，父母可以引导孩子说："这个世界没有所谓的十全十美，允许自己出现错误，允许自己有不完美的地方，因为这样一个人才有更多向上追求的空间，因为这样，我们才能更好地修缮自我，把自己打造得越来越优秀。"）

通过系统的分析，孩子就会意识到，原来人生不过是自己跟自己的较量，把所谓的荣誉，虚浮的东西看低一些，将真正要掌握的知识、能力、机会牢牢地把握在自己手里。尽管人生中很多经历不由我们自己说了算，但至少以什么角度去看待它，是由我们自己把握的。所有经历的人，经历的事，不过是上天大爱的教育，它总要因此让我们明白一些道理，然后顺势为了我们打开一条崭新的路。作为父母，我们需要帮助孩子搞明白，什么是最重要的，面对眼前焦虑的内容，应该怎样转变看待它的角度。每一种经历背后，都是一种得到，当他们真正洞察到自己得到的东西，就会因这种内在的丰盈而做出改变，这一遭的改变，很可能就是他们生命中最为宝贵的收获。

赵中华老师语录：

1. 只有训练才能出结果。

2. 向内观生智慧，向外观生愚昧。

3. 了解人，主要是了解看不到的地方。

自卑：动不动就流着眼泪说："我做什么都做不好！"

家长问：我的孩子是一个自卑心很重的人，他总是说自己什么都做不好，总是觉得自己什么都不如别人，每次参加集体活动他总是习惯性地躲在某个角落，他说他不想被人注意，而且经常也是沉默寡言的，这样的孩子长大以后可怎么好，自卑的孩子容易受伤，而且这种伤很难愈合，作为家长我到底应该怎么帮助他呢？

老师答：带着孩子做一件曾经想都不敢想的事情，让他在这件事情中体验到自我的成就感，我们需要让孩子知道，原来自己的内在存续着那么强大的力量，倘若不勇敢的尝试，又怎知道身后有这么一双全能的翅膀呢？勇者无敌，所有的成功，都是从迈出第一步开始的。

原文：

子曰："不患人之不己知，患其不能也。"

译文：

孔子说："不要忧虑别人不了解自己，应该忧虑自己没有能力。"

曾经有一个家长跟我抱怨说自己的女儿长得特别漂亮，但是不知道为什么为人就是特别的自卑，每当学校组织活动的时候，她都会羞红了脸，老师鼓励她在新年会上给大家表演节目，她却因此紧张得不得了，最后转过身一溜烟跑掉了。每次学校组织集体活动，她总是下意识地坐在一个不被人发现的角落，然后一个人低着头在那里，默不作声，别人积极发言的时候，她恨不得把自己藏起来。时间长了，身边的同学都对她保持距离，担心自己会因为说错了话而伤害到她，以至于最终，女儿成了班级里独往独来的人，她没有朋友，也没有什么可以信赖的对象，就这样妈妈发现这个孩子越来越沉默寡言了。

为了能够鼓励孩子，让她尽可能地性格开朗一点，妈妈带着女儿参加了很多有趣的活动，但是女儿的表现总是不令人满意。后来妈妈问女儿，为什么不能积极地和小朋友一起相处呢？"不是我不想相处，"小女孩儿说道，"而是我觉得我没有什么特长，什么都做不好。"听了这话，妈妈一时不知该如何是好，于是找到我，问我有什么好方法。

听了这位家长的讲述，我告诉她，让她找一件自己喜欢的事，然后积极鼓励并支持她去完成，这中间不要给她提供任何助力，就是让她全身心地去投入到这件事当中，直到看到满意的成果，直到她自己的脸上露出笑容，这时候你便可以在身边骄傲地对她说："我的女儿什么都可以做好，看她的作品实在是太棒了。"

人之所以会自卑，源自他们没有真正意义上意识到自己内在的长处，他们始终觉得眼前的一切是自己无法承受的，以至于当事情落到自己头上的时候，都会表现出极大的不安感。倘若这层阻碍始终束缚着他们的意识，那么他们身上的潜能翅膀就很难施展能量，但是倘若有一天，他不再回避，回过头去正视眼前的一切时，就会发现，那些曾经令他焦虑恐惧，乃至于根本不可能完成的事情，全部都是纸老虎，一旦信念的能量彻底打开，所有的行动，就再也不会夹杂恐惧，因为他知道，恐惧不过是一种感受，自我怀疑的内容其实与自己无关，此时所面对的，不过是人生的一种经历，自己只需要付出自己百分百的专注和努力，就可以因此而有所收获，就因为得到而充满喜悦、笑容，以及不断涌动活力的成就感。

说到这里，突然想到了这样一个故事：

有一个小女孩儿，家境很贫寒，她从来没有穿过新衣服，也从来没有漂亮的头花来点缀自己。因为这件事，她始终很自卑，她觉得自己不够漂亮，不够优秀，没有人会喜欢自己，在意自己。为此，她总是在人群流量大的闹市街低头前行，看到自己喜欢的男孩儿，就会一溜烟地躲起来，她总是担心自己会被别人看成一个笑话，于是每天都活在自卑的痛苦之中。

终于有一天，妈妈给了她五块钱的零花钱，这促使她第一次推开了饰品店的大门，想为自己选一个便宜一些的头花，这可是她有生以来决定付出的一笔巨额花费。当她独自在店面左顾右盼地挑选时，店面的老板微笑着向她走来，只见他手中拿着一朵非常漂亮的发夹，对小女孩儿说："哇，漂亮的小姑娘，这枚发卡放在你头上简直是绝配，它让你看起来像一个长发飘飘的天使。"

听了这话，小姑娘转过身，看着这枚闪闪发光的发卡，她不好意思低下头，看着自己手里仅有的五块钱说："可我只有这些了。""这没关系。"

老板说道："关键是，这个发卡要找对自己的主人，来，现在就让我把它别在你的头上吧。"说罢，老板拉着小女孩儿的手，走到中央的镜子前，将发卡别在小姑娘头上。这时候，女孩儿看到了自己，她觉得发卡让自己整个人都焕然一新了。她突然间因此有了自信，开心地向老板道谢，一蹦一跳地离开了。

一路上小女孩儿始终在微笑，身边的人，频频向她点头，纷纷赞叹说："哇，这个女孩儿真漂亮。"这时，女孩儿一直喜欢的男孩儿不好意思地走过来和他搭话："请问能送你回家吗？"此时，女孩儿觉得整个世界都在向她微笑，这是她有生以来最快乐的一天。这时，她下意识地想要摸摸她头上的发卡，却发现，它早已经不知去向了。

很多时候，自卑的情绪都源自我们对自我实力的无知。而这个时候最好的方法，就是下意识地去给自己一个机会，用积极的信念去对抗内心无名的紧张和消极。只要有那么一次，或者两次成功了，在第三次的时候，自信心就会自然而然地从心中升起。

我有这样一个小徒弟，起初来到我身边的时候，他还是一个非常胆小的孩子，每到发言的时候，嘴巴总是结结巴巴，随后就羞红了脸。为了能够鼓励他，我不断地找他发言，不断地激活他内心的斗志，就这样一次，两次，三次，在第十次的时候，他终于可以没有一点迟疑地踊跃回答问题了。

还有一个小女孩儿，也同样出现了自卑的情况，她说小时候自己在台前表演节目的时候出过一次丑，从此以后，她只要站在台上就会紧张。于是我对她说："以后我们训练营开演讲班的时候，你一定要参加，等到我一说，谁敢到台前来演讲，你就必须第一个冲到讲台上，老师相信，这个舞台能够让你彻底雪耻，你会成为整个舞台中最为绚烂的小主角。"之后，她果然参加了我的训练营，并积极地投入到训练当中，现在她已经是学校老师眼中不折不扣的天才演说家了。

所以，在这里，我想对父母说的是，自卑的情绪，谁都会有，但这并不意味着我们要因此放弃我们的人生，放弃自己的机会，放弃自己继续前行的脚步。或许此时，你的孩子正在被他魔鬼一般的暗示影响，但只要你不断地鼓励他，不断地激发他冲出去的勇气，但凡是有了一次积极的行动，下一次面对问题的时候，便不会有那么多的顾虑和怀疑了。人只有在做自己认为专业、擅长的事情的时候，才不会轻易地受到自卑的影响。那么从现在开始，我们的功课就是让他们在深爱的领域中，寻找到自信的感觉。并告诉他："倘若你眼下的事情能够做好，这么难的过程都能够应付，那么人生中，还有什么样的问题，是自己解决不了的呢？"所谓的自卑，不过是内在的浮尘，而我们就是孩子心中，那一缕必要的清风，当浮尘吹去的时候，他们会在镜子面前，看到最真实的自己，而这份真实必然是他们心中最理想的样子。

赵中华老师语录：

1. 发现不了问题，问题就总会跟着你。

2. 当所有人都说不行的时候，谁站出来说行，谁就是领袖。

傲慢：就是看不惯他盛气凌人的样子

家长问： 现在的孩子莫名的有这么一股子傲慢的心理，对谁都是一副居高临下的样子，前段时间，我家孩子被全班排挤了，问及原因，大家都说受不了他那盛气凌人的样子，每天用鼻孔看人，真不知道有什么可骄傲的。我听了这话，很焦虑，于是问孩子为什么这样，结果他好像丝毫没有反思的意思，反倒是说别人不配合自己交流，真是头疼，怎样有效地逆转局面呢？

老师答： 人之所以傲慢，源自他内心本就带有的优越感，但上天是平等的，如果总是趾高气扬，别人看了一定会不舒服。我们需要告诉孩子，最厉害的人从来不会把头抬得很高，相反他们是懂得谦卑和倾听的。因为心中从来没觉得自己有多么了不起，所以反而不会被这种信念局限，能活出更快活更伟大的自己。

原文：

众口之悠悠，初不知其所自起，亦不知道其所由止。

译文：

众人那些不着边际的话，本来就不知道是从哪里而起的，最终也不知道他能传到哪里去。

————————

这天刚到家，就接到一个家长打来的电话，他说自己的儿子在学校学习特别好，老师也特别赏识他，可是不知道为什么，从小到大身边就没有朋友。基于这个问题，他曾经努力地帮助儿子找了好多的小伙伴，可是最终大家都不愿意和他一起玩儿了，都有意无意地疏远他。这让作为父亲的他百思不得其解，于是专门去问那些小朋友到底是什么原因。结果大家统一的回答是："他实在是太傲慢了，他的眼中只有自己，每天都是一副高高在上盛气凌人的样子，总想要命令我们，让我们都听他的，可是我们觉得他并没有什么了不起的。与其在一起不开心，那就别在一起玩儿了呗。"

经过这件事，这位家长意识到了儿子身上一个非常严重的问题，那就是傲慢，他曾经试图与儿子沟通这件事，但是儿子却对这样的结果不屑一顾，有时候还说："有什么了不起的，他们本身就是笨蛋，和他们只能玩儿一些低智商的游戏，但凡是我把难度抬高那么一点点，他们就全都傻眼了。于是我就告诉他们该怎么办，他们还不领情，这样的低能儿朋友不结交也罢。他说我盛气凌人，有本事他超越我看看啊。"

听着儿子说话的口气，好像没有任何愿意反省错误的意思，作为家长，一时间不知道该如何引导孩子，说深了，怕他走极端，说浅了又达不到效果，于是着急地让我想办法。我听了以后，笑笑说："你家的孩子，现在很能啊，感觉已经把世间宇宙所有的知识都学会了，这样的孩子，首先第一点，就是先要让他认同于自己的无知，唯有他能将自己葫芦里的水先倒干净，才能有更丰富的东西填充到他心里去，否则不但以后人际关系会出现问题，他自身的品格素质，对人生的选择，乃至于整个生命的格局都将因此受到影响。不可否认，你是一个非常明智的家长，能看出其中的问题的严重，倘若这个时候不能采取一定措施的话，那后果是相当严重的。"

曾经我的儿子也问过我这个问题，他说："爸爸，为什么幼儿园里，有些小朋友特别聪明，有些小朋友看上去就笨一些呢？"我说："那你觉得，你在里面是聪明的，还是笨拙的呢？""老师说我是聪明的，所以我觉得我应该专门找老师觉得聪明的那些小朋友玩儿。"儿子说道。我听了皱起眉头说："儿子，你觉得那些聪明的小朋友真的什么都擅长吗？那些笨拙的小朋友就什么都不擅长了吗？""倒也没有，"儿子说道，"比如说我们班有一个小男孩儿南南，就特别爱捣蛋，老师说他的聪明都是假聪明，但是有一天，他竟然一个人拼装起来一个难度非常大的战斗机。还有我们班的女生点点，老师总说她反应慢半拍，但是她却是我们班数学学得最好的人。而聪明的嘛……我觉得有的人只不过是总成绩要比别人好一些，但是真正说到特色，反而我倒真的没注意太多。"儿子分析道。"那就对了，儿子，有句话说得好，人不可貌相，再笨的人，他的身上也有我们值得学习的东西，再聪明的人，也很可能会犯下一些很低级的错误。原因是什么呢？原因就在于他们过分地相信自己，觉得自己的聪明很了不起，所以才会在后续的生活中出现一系列的问题。所以做人千万不要傲慢，要善待生命中每一个和你有交集的人，因为你不知道什么时候，就需要对方的帮助，你不知道什么时候，他的长处就会是你终身学习领域中不可忽略的借鉴，人一旦谦卑下来的时候，就会发现眼前的世界变得很宽广很宽广，自己还有那么多东西需要学习，那么多技能没有掌握，那么多需要深入探索的内容。但是，倘若这个时候，自己盲目自大，觉得自己特别了不起，天底下没有什么人能够打败自己，大千世界没有什么知识是自己不知道的。那么他内在的求知欲望就会因此被乌云遮住了，他再也没有空间去探索，后续的人生就只能原地踏步了。这就好比老鹰和水井里的青蛙，老鹰知道天有多高，地有多大，所以才能够在天地之间自由翱翔，而青蛙在井底，总觉得自己一定看到了整个天地，从此不再努力，一生也只能看到这么一块小小的地方。就选择而言，你愿意做老鹰，还是做青蛙呢？""当然是老鹰了。"儿子说道。"那么想做老鹰该怎么做？"我问道。"善待身边的每一个朋友。"儿子说道。"除此之外呢？"我继续问。"努力地发现他们身上的优点，并向他们学习。"听到这个答案，我的心终于放下了，我竖起了大拇指对孩子说："儿子你真棒，这才是一个聪明人最该有的基本素质。"

人生的过程往往要经历三个层次：起初看山是山，看水是水，之后，看山不是山，看水不是水，到最终，明白了生命的真谛，就此看山还是山，看水还是水。这个世界最昂贵的真理，并不是高高在上的，真想要在人生中明白点什么，就要意识到自己生命的平凡。

孔子曰："三人行必有我师焉，择其善者而从之，其不善者而改之。"或许有些时候，我们会觉得自己在某一领域可以达成极致，但极致的极致，极致极致后面的极致，又有多少人看得清楚、看得明白呢？人生是一个不断超越的过程，真正有能力的人经历了成败，写就了故事，看透了真相以后，就会越发觉悟到，对于这个世界而言，自己知道的内容实在是太少了。天地之间，生命如沧海一粟，越是能够意识到自己的渺小，越是能够欣然地在觉悟中超越自己。倘若一个孩子，从很小的时候，就能够养成谦卑的性情，那么即便面对再多的挑战，再多的考验，他都不会因为各种原因乱了方寸，在欲望中迷失，直到被傲慢吞吃，再也找不回那些生命中最珍贵的东西。

世界如此之大，一个人的潜力是无法估量的，越是意识到自我的无知，越是会将格局致力于宇宙的无限，但此时生起了一念的傲慢，那么之前所能成就的一切将会付诸东流。真正有智慧的人，会善待生命的平凡，不过分炫耀自己，反倒是源源不断地从他人那里获取宝贵的经验。他们会不断地以欣赏的目光看待别人，不断地寻觅对方身上可以学习借鉴的内容，他们从来不会因为一时的得到而沾沾自喜，反倒是安静地将一切收敛起来，不让它肆意地影响到自己。这是一个成功者必须具备的基本素质，也是一个孩子，应该从小见习的重要修为。作为父母，除了对孩子的表现进行积极鼓励和赞美以外，还要帮助他们纠正自心的态度，这样他们才能在广大的天地之间，不断拓宽内在格局的维度，他们才不会任由傲慢在心中泛滥，有效地秉持正念，最终在未来的征程中，不断地拥抱希望，蜕变出自己最理想的样子。

赵中华老师语录：

1.你能给别人带来被重视的感觉，别人就离不开你。

2.做没做过的事情叫作成长，做不愿意做的事情叫作改变，做不敢做的事情叫作突破。

3.了解比说服人更重要，所以觉察力很重要。

第六章

孝悌告诉他："我是你的贵人，
不是你的佣人"

呵责：孩子总是对我大呼小叫，感觉我是他的老妈子

家长问：现在的孩子真的太骄纵了，我觉得我是把我们家的儿子惯坏了。现在他的状态就像是个小少爷，而我就好比一个老妈子，真搞不懂到底中间发生了什么，只是觉得他的态度完全改变了，每天大呼小叫，丝毫没有尊重父母的意思，这样的状态真的难以忍受，我该怎么做呢？

老师答：首先最重要的一点，就是要端正我们自己的身份，你要告诉孩子，你真正的身份是什么？你要站在自己的角色立场，以最应该的表现和状态与他沟通。如果这个时候，我们已经对老妈子的角色产生了默许和认同，那么接下来的引导和教育，必然会遭遇困难。毕竟只有我们自己定位明确，才有重新树立尊严的可能。

原文：

子曰："众恶之，必察焉；众好之，必察焉。"

译文：

孔子说："大家都讨厌他，一定要对他加以考察；大家都喜

欢他，也一定要对他加以考察。"

———————

这天刚下课回来接到一个母亲的电话，她向我哭诉说："赵老师，我真的不明白，为什么自己含辛茹苦养大的孩子，每天对我的态度就像是少爷对着老妈子。我每天照顾他的起居，关心他的健康，他却一脸的不耐烦，对我吆五喝六，像是对待老妈子一样，我真的不明白自己究竟做错了什么，只是觉得自己对未来都失去了信心，这样的孩子未来能照顾我吗？都说养儿防老，但他这么小就对我这个态度，我真的死的心都有了。"

听到她的倾诉，我很同情，但同时凭借自身的理性，我对电话那头哭泣的母亲说："孩子这样肯定是不对的，但里面肯定有原因，倘若不是错误信念的驱使，这么小的孩子，应该不会做出这么极端的举动。所以，用心地想想，在孩子信念塑造的特殊阶段，他接触到了什么？看到了什么？而这个时候我们作为父母，秉持的态度又是什么？我们需要认真地缕出一个脉络，才能从根源上解决问题。"

现在很多父母都莫名地受到类似的困扰，自己曾经和孩子之间的关系那么亲密，是孩子心中最伟大最信任的人，怎么突然间，这种关系就发生了巨变，孩子回家以后，一脸不耐烦的样子，好像成为了家中最应该享受尊荣的主人，而自己则越来越像个奴仆，不但每天要给他做饭洗衣，在他写作业的时候递上水果，还要忍受他一通通的不满和牢骚。有些时候，还莫名地因为一点小事发脾气，小嘴巴得理不饶人地说道："难道你就不能……""你去，给我倒杯水去！""我现在需要……你现在赶紧的……""别说话，没看我正忙着呢吗？"每当听到这些话的时候，自己心里就会很寒心，想到孩子现在才这么小，就对自己如此不尊重，等到他们长大了，自己还能不能享上他们的福呢？

一面是觉得自己含辛茹苦，一面是自己又疼又恨的宝贝孩子，究竟应该怎样扭转局面改善亲子关系呢？既然问题出了，那肯定是有原因，很多父母最大的错误就是在出现结果的时候，将所有的注意力专注在结果上，却从来没有想过出现问题的原因究竟是什么？

针对这个问题，我就做过类似的研究。我问过很多类似的问题孩子，为什么会出现这样的情况，起初他们说："这可能就是一种本性的流露，我也不知道自己究竟是怎么了。"但通过进一步地沟通，我发现了一个他们生活经历中共同的现象，那就是，这些父母对待自己的老人时，常常会带有指责的语气，尽管就事情而言，他们的行动是为了老人好，也不缺乏爱意，但是他们的语言，还是深深触动了在一旁观看的孩子。孩子们说："那时候感觉爸爸妈妈很急躁，很不耐烦，而且这种急躁不耐烦的感觉，迅速地影响到了我。当时的我，也是很谨慎小心的，生怕自己会因此触动到了他们的情绪，如若是这样，自己很可能就会因此而倒霉了。"还有一些孩子说："我是在电视上看到了一些类似的东西，当时父母和我都若无其事地看着电视中的一切，他们的表情很自然，好像理所应当是那个样子的，而我看到他们满不在乎的样子，便在心中有了模仿意识，想来一切已经得到了他们的认同，一切都是理所应当的。"

看，一切还是有原因的，很多错误的信念，都是因为错误的细节产生的，很多事情我们大人没有察觉，但孩子将一切看在眼里。就孩子的世界而言，他们对所谓的对错并没有一个明确的判定，在某一个成长阶段，他们接触世界的状态就是不断地模仿。看到好的事情，他们会模仿，看到不好的事情，自己也会模仿。这个时候，就需要我们大人格外细心，因为在孩子眼中，父母是自己来到这个世界上第一个见到的人，他们的一举一动会牵动他们的灵魂。从某种程度来说，在某些特定的时刻，父母的一举一动在孩子看来，都是对的，都是需要极力效仿的，即便这些内容在大人看来，会有些尴尬，但就孩子而言，他可能还尚未知晓什么是尴尬，这很有可能成为很多亲子关系矛盾的初始，成为父母与孩子之间隔阂的关键。

我曾经下意识地问过很多孩子，问他们觉得这样好吗？他们的反应是："没有什么好还是不好，一切都是无意识的。"也就是说，孩子并不知道自己的表现是如此具有杀伤力，甚至不知道，自己的模仿已经伤害到了自己的家人，更不知道自己已经让自己的父母绝望。针对这件事，或许对于很多父母而言，我们也从来没有真实地与孩子分享过自己的感受，我们或是沉默，或是愤怒，却从来没有让孩子真实理解到自己的沉默源于什么，愤怒又因为什么。正是因为这个原因，在经历一番漫长纠葛的痛苦之后，我们会发现孩子并没有什么根本的改变。因为他不知道需要改变什么，所以我们有责任告诉他。

那么，我们究竟应该以什么样的方式去完成这场告白呢？在我看来，不论是一次促膝长谈，还是一封真挚的信都可以在无形中，为我们与孩子之间的亲子关系提供力量。我们可以告诉孩子，当他出生时自己内心的喜悦，我们可以跟他分享很多记忆中与他成长的快乐，我们可以认真地检讨自己在与父母沟通过程中那些尴尬而不堪的过去，然后顺势告诉孩子，当我们自己感觉自己像个佣人时的沮丧和不安。我们可以告诉孩子，我们渴望的是彼此重新恢复到那种美好而富有憧憬的亲子关系，而今天就是一个美好的开始，为了能够让自己未来有指望，也为了自己的孩子能有更美好的未来，我们都应该为这一目标而努力奋斗，这是一个蜕变的过程，而这场蜕变并不孤单，父母将会蜕变成更棒的父母，而孩子也将蜕变成更孝顺的孩子。倘若这种意识在互动中约定俗成，那么孩子必然会意识到自己的问题所在，他会在我们的爱与激励下做出改变，也许这种改变是悄无声息的，但一定都是向着良性发展的。

想到这里会不会觉得自己的未来有希望了呢？不管现在你的孩子在以什么样的态度面对着你们共同的生活，交流和互动都可以很好地帮助我们解决问题。孩子有孩子的困惑，大人有大人的苦恼，我们无须掩盖自己内心的伤心和顾虑，而是要将这一切明确地告诉孩子。因为知道才有改变，或许这些改变只在一念之间，却铸就了你未来的指望，也让他拥有了更完美的自己。

赵中华老师语录：

1. 在什么空间，就用什么角色与人相处。
2. 同流才能交流，交流才能交心。
3. 与其一味地呵责，不如了解一下孩子内心真实的需求。

鄙视：养到他这么大，他竟然说："就是看不起你这样的人！"

家长问：孩子养活了这么久，从一个小婴儿，一点点地会走会跑，我以为他会是我贴心的小棉袄，可是没想到，忽然有一天，他会用他的小手指着我说："就是看不起你这样的人。"当时自己整个心都碎了，究竟我错在了哪里，究竟应该怎样有效地调整自己，更好地维系孩子与我的亲子关系呢？

老师答：当孩子说出这样的话时，伤人的感觉一定会刺痛我们的心，但同时我们需要准确地把握一件事，就是孩子为什么会说出这样的话，他到底看到了什么？理解到了什么？而在我们的身上是否真的存在相应的弊端呢？当把一切搞清楚以后，我们才能更进一步地与孩子进行探讨和交流，我们可以让他知道自己对他所付出的艰辛和爱，但同时也要告诉他一件事，那就是我们的给予并不卑微，相反这是世间最值得感恩的行为。

原文：

坚其志，苦其心，勤其力，事无大小，必有所成。

译文：

　　坚定志向，磨炼心志，勤勉努力，不管事大事小，必定会有所成就。

————————

　　前段时间看了一部电影，其中有一句经典的台词触动了我，一个男孩子面对养育自己多年的父亲说："我觉得我真的很无力，我活成坏人的资格都没有，但是活成好人又害怕像你一样。"听到这句话的时候，我不禁眼泪快要流下来，想到当下的万千父母，想到他们老实一生将所有的希望都倾注于自己的孩子，想到有朝一日，他们会因此说出这样的话，父母会是怎样一番感受呢？

　　曾经有个妈妈很难过地对我说："我曾经在事业上也是叱咤风云，曾经也有着自己的辉煌业绩，但是当自己意识到自己是个母亲，我放下了一切去全然地付出自己的陪伴，我说我要带他去看世界，带他去了解这个世界，让他拥有一个比自己幸福的童年。结果没想到的是，我放弃了一切，最终却没有得到应有的感激，我用心地安排他的起居，不断地考虑他的健康和营养，不管天气是恶劣还是寒冷，我都会准时站在学校门外等着他。曾经那些美好的时光，在我的记忆中还没过去，他曾经是那么听话，他将头轻轻地依偎在我怀里，但是有一天，这一切都变了。他对我说：'我就是看不起你这样的人。在家没有理想，一天到晚就知道吃喝拉撒，活的一点儿意义都没有。'我当时听到这话觉得天都要塌了，我说：'我的意义就是有了你啊。'他说：'我是你的意义吗？我才不要，我的意义比你伟大多了，我绝对不能活成你这样。'听了这句话，我的眼泪夺眶而出，我觉得我这么多年所做的一切都没有意义，我不知道自己做错了什么，我把他

151

带进这个世界，原原本本就是个错误，如果没有他，我就不会做无谓的牺牲，如果不做出这个牺牲，我可能会成为更出色的自己。"

听了这些话，我内心的震撼也是不小的，很多父母，因为孩子的诞生都放弃了生命中的很多东西。正所谓孩子的大生，母亲的大死，从此少女的情怀变成了母亲的温柔。她甘愿全然地牺牲自己，奉献自己，成就这个世间最伟大的情爱，这种爱在孩子来到这个世界之前已经清楚明了地呈现了出来，当我们看着他微笑的时候，内心的希望便全部投注到了他的身上，我们以为那是我们生命的延续。但事实上，总有一天，他将是一个属于自己的个体，当他看待这个世界，看待人性，看待周边所有人的角度发生改变的时候，我们到底希望自己的孩子以什么样的视角来判定我们自己呢？

曾经有一个父亲坦言，现在的孩子真的没法教了，他让他体会到内心深深的伤痛和自卑，尽管当时他的孩子也还不过是个小学生。他说有一天他教育这个孩子，但是这个孩子很不服气，说："我并不认为你有资格这样对我说话。""我怎么没资格？我是你爸爸，管你是我的责任。"他说道。"但是你就一定是对的吗？看看你的人际圈子，里面到底有几个成功人士？他们能够给你提出怎样的有效建议？你能够因别人而进步吗？你的思维模式吸引的都是一些什么样的人？你觉得你有资格教我吗？"当孩子说出这样的话，作为父亲，作为一个大人，他陷入了沉默，他不知道该如何对答，只是觉得整个心都快被撕裂了。

对待这样的事情，作为父母我们到底该怎么办呢？我们渴望成为孩子眼中仰视的对象，我们渴望将这种仰视一直延续下去，我们渴望能够拥有更多智慧来引导孩子，但同时，我们却在内心中陷入深深的恐惧。的确，我们真的很怕成为孩子眼中鄙视的对象，却不知道怎样能够有效地规避这种鄙视，一旦这种不祥的能量在生活中不断延展，再想继续推行自己的教育，就真的不是那么容易了。

很多孩子在成长的某一阶段都有过类似的经历，小时候觉得父母很伟大，无所不能，后来发现其实有些时候父母也不是智慧的，在走一段路以后，叛逆心会让他们觉得自己的爸妈就是天底下最差劲的人。而当一切活明白，他们才会突然意识到，其实自己也没有那么优秀，相比而论，那个时候的父母要比他聪明得多。

对待这样的事情，我想说的是，倘若想让自己的孩子以仰视的角度去看待我们，就需要我们随时随地不要放弃自己的学习，随时随地去提升自己的修养，当然其中更重要的一点是，我们千万不要觉得我们放弃自己的人生去成就孩子才是亲情中真正的伟大，因为真正的伟大是我们在自我成长的同时伴随他们成长，他是上天赐给我们的礼物，但并不是要我们为了这份礼物而无私奉献。我们需要让孩子不断地看到我们身上的过人之处，从心底对我们产生佩服，而不是一味地对他们说："你要努力学习啊，你一定要做到优秀啊，尽管你的爸妈算不上多么优秀的人。"当你在心底对自己有所认定的时候，孩子的敬仰就会在这一瞬间产生。所以我们一定要努力在孩子面前维系好自己伟大的形象，不断地提升自己的智慧，并在他们的人生旅途中起到至关重要的作用。孩子是一张白纸，父母是指引他们方向的人，倘若这个时候我们没有有效地发挥作用，当他们回顾一生的时候，必然会因为某个转折点心生怨愤，而这种怨愤很可能就是直接冲着我们来的。

人们常说真才实学者得天下，肚子里有真材实料，才能够有效地驾驭孩子那颗富有叛逆心的小灵魂。倘若有一天，他们能够实在地说："尽管你有很多让我不理解、看不惯的地方，但就智慧来说，我始终是佩服你的。"那么毫无疑问你已经走进了他的心，并在他的心中拥有了很重要的分量。他愿意相信你，因为你的建议能让他看到未来。可是当下很多父母都因各种原因而放弃了学习，以至于忽然有这么一天发现自己和孩子互动交流起来，孩子跟自己分享的内容已经与自己形成了断层，我们不知道他们告诉我们的东西是什么，只是一味地告诉他们，要好好学习啊。这样的交谈轮到谁都会疲惫，时间长了，鄙夷就会产生，孩子会觉得："父母也不过如此。而不过如此的父母，又有什么资格来教育我呢？"

试想一下吧，倘若我们每天跟孩子聊上一个小时，你希望在这一个小时中，展示一个怎样的自己呢？是上知天文下知地理，永远难不倒的万事通，还是一个搔着脑袋，一味固执说教的"老古板"呢？你希望孩子与你交流的状态中，学到了更多东西，有了更丰富的经验，甚至于每天都在期待着这场分享交流的盛宴。还是让他们每天对着自己皱起眉头，然后垂头丧气地说："跟你说了你也不懂，我不想跟你说话了？"看来，一切原因还是在于我们自己，有了孩子并不一定就要放弃自己的阅历和生活，也并不意味着要全然牺牲自己最好的理念和模式。相反，我们不妨借着这个机会，更积极地充实自己，成为孩子生命中不可或缺的生命伴侣：你可以很小孩儿，也可以很老成；你可以像个老师，也可以做慈父；你可以是他精神世界的领路人，也可以是谈笑风生的大朋友，总之，我们绝对不能成为他们生命中厌倦的对象。只要这种进取精神始终不移地继续下去，我们就不会再担心那份鄙夷的到来，或许转过身，就在我们不知情的情况下，当别人谈及父母的时候，你的孩子始终难以掩饰自己内心的自豪感，他们会本能地说："我的爸妈太伟大了。"这种幸福的感觉一定会让你更加积极，正所谓夸奖不是单行线，我们要学会在互动中欣赏对方，没有什么比自己孩子的掌声更重要，正如你对他的鼓励和点赞，因为你的地位很重要，所以这份荣耀也必然是他的渴求，是他生命中不可缺少的精神财富。

赵中华老师语录：

1. 全世界没有任何一个人价值观是一样的。

2. 处理好心情，才能处理好事情。

3. 外在所有的表现，都是内在的缺失。

无视：家里的小霸王，天经地义都得以他为中心

家长问： 现在的孩子都是家里的小霸王，那种霸道的感觉真的很难让人容忍，他的心中只有自己，从来都以自我为中心，好像除了他自己以外，别人的感受都不那么重要。但凡是有一点不满意，立刻就发起脾气来，看着他那嚣张的样子，心里真是又气又恨，真的快拿他没办法了。

老师答： 办法肯定是有，关键是要看你自己能不能站对立场，倘若你一味地助长他的霸气，那么小霸王就是你塑造出来的，但是倘若这个时候，我们能意识到一切应该有所节制了，那就一定要采取明智的行动，至少要让孩子能明白一点："你的霸道，不会为你赢得更多，而是会因此而失去更多。"有了这样的一个信念支持，他就会渐渐有所收敛，因为他知道，如若继续下去，他所面临的局面并不好看，说不定还会有更难收场的事情发生。

原文：

既奢之后，而返之于俭，若登天然。

译文：

过惯了奢华的生活之后，再想回到俭朴的生活状态，就好比登天一样难了。

“现在的孩子太嚣张了，稍不随自己的心愿就会动脾气。那感觉比西楚霸王还厉害呢！”一对父母，一边开车一边向我抱怨道：“我家的孩子啊，没法管了。感觉我们对他做什么都是天经地义，但是倘若你有一天不做了，他能把天捅一窟窿。”听了这话，我抿嘴一笑，说现在的孩子多半有些不可捉摸，这也是难免的，但暴虐脾气一定要改，否则以后一定会吃亏。没想到这一说，便打开了这对父母的话匣子，一路上跟我诉说着自己对孩子教育问题的困惑和烦恼，其中有一个故事，让我都觉得心惊胆战，小小的孩子，竟然如此目中无人，俨然把自己当成了中心中的中心。这种态度，在社会上怎么会吃得开？

“您知道吗？那会儿我们家刚刚装修完毕，特别给他的小房间里，安上了一台小电视。结果他蛮不讲理，说自己要客厅里的大电视。”爸爸一边开车一边愤愤地说：“我当时对他说，客厅大，自然要大电视，再说爸爸妈妈年龄大，自然也应该看大电视，你一个小孩子，看小电视不是挺好吗？结果他一噘嘴，大声地嚷道：‘不行，大人看小电视，小孩儿看大电视。’你知道我当时气的啊，都不知道该说什么好了。”

其实不要说父母，就连我这个外人听了内心都无法平静。孩子还这么小，心中就容不下别人，更何况在整个事情中，他容不下的不是别人，是距离他最近的父母，这样的状态真是太可怕了，倘若继续下去，真的后果不堪设想。这让我不禁想了解更多，在这个孩子的世界里，究竟发生了什么，是父母给予的爱太多，还是自己受到了某种信念的局限，无法体验到感恩所带来的快乐呢？

带着这种好奇心，我来到了他们的家，这是一栋高档的别墅，装修很是考究，父母还专门为孩子设计了供他玩乐的游戏地带，整个空间充满了爱和温情。我问他们孩子小时候一直都是这样吗？父母叹了口气说："孩子小的时候，都是由外公外婆带着的，所以惯得没样，后来老人岁数大了，才由我们自己来带，可是那种霸道脾气已经养成了，到哪儿都目中无人，跟小朋友也玩儿不到一起去，"这也难怪了，他连自己的爸妈都欺负，他的心里还能装得下谁？

听了这话，我决定跟这个男孩儿好好谈谈，我很想找出原因，也很想帮助他，毕竟对于一颗幼小的灵魂而言，今后的路还很长，如若不能有效地加以纠正，即便他现在的生活安稳而快乐，未来的漫漫人生路，也终将因此而深受困扰。倘若他与所有人的关系状态，都像是一个专制的君主，那么我可以断定，除非真的有求于他，大多数人都不会因此买账，疏离是肯定的事情，弄不好还可能因此而遭遇更多的麻烦。

要说这小家伙还真不简单，一进门就给了我一个措手不及，只见爸妈回来刚开门，还没缓过神来，就已经被家中宝宝暴虐的脾气渲染到了。"多多！爸爸给你找来了一个大朋友。"爸爸一边关门一边说，而让我们想不到的是，还没见到孩子长什么样，一个玩具熊就从天而降，砸到了爸爸的身上。

"你这是怎么搞的？怎么又发脾气了？"爸爸沉着脸问道。"你说今天带我去买玩具，现在才回来，玩具店都关门了，你说怎么办？""今天关门了明天再去也是一样的，至于发这么大脾气吗？"爸爸说道。"我不管，今天你不给我买玩具，我就把家里的玩具全都砸光。"听了这话夫妻俩不知所措起来。站在一旁的我，实在忍无可忍，于是说道："没关系，玩具是你的，你可以砸，但是砸了以后，玩具坏了，永远就没有新玩具了，你自己选择，是现在收拾起你的坏脾气，让爸爸明天带你买玩具，还是现在把眼前的玩具全部砸烂。"

"你是谁？凭什么管我的事儿。"孩子没好气地问道。"我是谁不重要，重要的是你该如何选择？家中的小霸王没那么好当，做什么事情都要说出个道理，否则一定是无法得到支持的。"我平和地说道。"他们答应的事情没做到，这就是我的理由，有什么问题吗？"孩子开始大嚷起来。"那么因为一个新玩具，就把自己这么多年的好朋友统统砸烂，这就是你威胁别人的理由吗？"我歪了一下头，笑着问他说。"你……你们欺负我是吧！我今天不吃饭不睡觉了。"随后，小霸王开始发威，坐在地下暴哭起来。眼看着妈妈快要矜持不住了，我一把抓住了她说："哎呀，今天的阳光不错，外面的空气一定很新鲜，不如咱们到露台去看看风景聊聊天，你家有好茶吗？不如来上一壶铁观音如何？"听了这话，父母都会意地说："好啊，走，现在咱们就去露台，我们还有好多问题需要一起探讨呢！"听了这话，小家伙显然意识到自己没有得到重视，于是哭得更厉害了，可是我们三个大人不理那套，一起去了露台，喝茶聊天，好像什么事情都没有发生一样。到了六点钟，小家伙爬上露台说："快去做饭，我饿了。"听到这话我回过头说："你不是说，你今天不吃饭不睡觉了吗？我们不饿，可能一会儿会出去吃大餐，但是你说你不吃了，所以没准备你那份。"听了这话，小家伙儿暴怒起来："你这个讨厌鬼，你为什么总要欺负我。""我没有欺负你啊，既然你不想被这样对待，那你要不要听听，怎样才能得到我们的善待呢？"我说道。"你想说什么？"孩子没好气地问。"第一，你的父母是你来到这个世间的贵人，他们不是你的奴仆，你不可以对他们这样说话；第二，你的威胁没有道理，对大人来说起不到任何作用，如果想兑现目标，你就要以更平和谦恭的语气与我们互动交流；第三，你这样残忍地对待自己的玩具，说明你对眼前的一切不珍惜，那么我可以告诉你，当你对眼前一切不珍惜的时候，你将会失去更多。我们可以将你砸坏的玩具收拾干净，但同时也再不会有新的玩具给你。除非你能够善待你所拥有的一切，这样才能得到更多。"

听了这话，孩子陷入了沉默。我转过头对他说："现在给你几分钟的时间，看看你有没有必要跟父母好好道歉，有没有必要认识到自己的过错，有没有必要重新调整自己的态度，收敛自己那副霸道的样子。要知道我是第一次见你，你那种小霸王的样子一点儿都不可爱，倘若你总以这样的态度去对待别人，没有一个人会接受你，也没有一个人会喜欢你。你爸爸妈妈怎样认为我不管，至少我，真的不吃你这套，而且我敢保证，外面的任何一个人都不会接受你现在的样子。现在好好反省一下自己吧。如果你反省好了，承认错误了，吃大餐的时候给你留一个位置，我会让你爸爸明天给你买玩具。如果你现在依然秉持着这种霸道的风格，那么今天晚上的大餐没有你的，明天的玩具也绝对不属于你。"听了这话孩子先是一愣，随后沉默了一会儿，终于放低了架势，开始跟爸爸妈妈道歉，开始有了悔改之心，看到孩子瞬间有了这么大变化，爸爸妈妈都很诧异，他们惊讶地看着我说："天啊，赵老师，你是唯一能够让他俯首称臣的人啊。"

很多时候，孩子之所以会成为家中的霸王，主要原因就是他们全然地活在了父母无条件的爱中，爱对他们来说，早已被认同为无条件的接受和包容。因为从来没有丧失过这方面的安全感，所以才会变得肆无忌惮。这个时候，就需要我们父母摆明立场，让他们知道，并不是什么时候，父母都会包容接受他们，尤其是在他们态度蛮横的时候，更是不能够让他们因此而达到目的，有第一次，就有第二次，有第二次就有第三次，倘若我们能够在孩子蛮横的起初，就将他们的霸王心扼杀在摇篮里，那么从此以后，他们就会自我收敛，再不会利用这种方式达成目的的了。

孩子的心很简单，怎样能够快速达成自己的心愿，他们就会采取怎样的行动。作为父母，我们可以有效地利用这一点，引导他们以最智慧的方式达成所愿，这样孩子才会越来越聪明，越来越睿智，越来越懂礼貌，也越来越恭顺孝敬。所有的成败，往往都在生活中的小事里，倘若你在关键时候妥协，那么很可能在后续的教育过程中，所有的培养都需要费一番周折，如若我们自己失败了，孩子的未来又能好到哪儿去呢？

赵中华老师语录：

1. 懂得拒绝也是有力量的表现。

2. 90% 的人士几乎不承认错误的，人都会为自己的错误找借口。

3. 想让孩子听你的话，首先要让他认同你的身份。

孝逆：见什么好就拿什么，从来不会顾及我们的需要

家长问：现在的孩子心中只有自己，这一点在吃饭的时候尤其明显，遇到好吃的，就只顾自己玩命吃，从来没有想过身边还有看着他的父母。尽管这是小事，可人们常说三岁看老。等我们老了，他能不能够照顾我们，关爱我们，我真的看不到一点希望，我甚至觉得这一切已经成了奢望，每当想起这些，怎一个"愁"字了得啊！

老师答：孩子是纯真的，你不告诉他你的渴求，他怎么能知道你心中在想什么呢？爱是需要表达出来的，希望和期待也是需要表达出来的，我们要勇敢地告诉孩子自己需要什么，渴求什么，而不是一味地在付出以后，自己独自黯然神伤，一切的智慧都蕴含在沟通中，我们需要让他们明白这个道理，一旦懂了，就开窍了，一旦开窍，就会改变，而且一切都会朝着我们向往的方向发展。

原文：

吾辈位高望重，他人不敢指摘，惟当奉方寸如严师，畏天理如刑罚，庶几刻刻敬惮。

译文：

　　我们这些人，位高望重，别人不敢对我们进行指责和批评。我们只有将自己内心的反省奉为严师，畏惧天理如同刑罚。这样我们才能做到时时刻刻都保持敬畏的心态。

————————

很小的时候，我们就听说过孔融让梨的故事：

东汉有一个叫孔融的孩子，天资聪慧，而且知书达理，非常懂事。此外孔融还有五个哥哥，一个小弟弟，他尊敬兄长，照顾弟弟，兄弟之间的关系始终都很和谐。

有一天，家里买来了很多梨，一大盘子梨放在桌上，哥哥们让孔融和最小的弟弟先拿梨。

孔融看了盘子里的梨，发现里面的梨大小不均，于是他不挑好的，不选大的，只拿了一只最小的梨，津津有味地吃了起来。爸爸看见了以后，觉得孔融是个很懂分寸的孩子，心想别看这孩子才刚刚四岁，却开始懂得禅让的礼仪，能够照顾到别人的需要了。于是他故意问孔融："盘子里这么多梨，又让你先拿，为什么不拿大的？"

孔融说："爸爸妈妈比我大，哥哥们比我大，我年纪最小应该吃最小的梨。"

"那弟弟不是比你还小吗？为什么不让弟弟吃最小的呢？"爸爸又问。

孔融说："我比弟弟大，我是哥哥，所以应该把大的给弟弟吃。"

听了这话，爸爸开心地笑了，说："真是个好孩子，守孝悌，懂礼仪，以后一定会成大器。"

现在很多父母说，自己一门心思都奉献给了孩子，但是孩子好像越来越以自我为中心，丝毫没有察觉到大人的期待和需要，他们从来不会意识到父母养育他们的辛苦，只是一味地索取。曾经就有一个母亲跟我分享自己与孩子之间的烦恼："您知道吗赵老师，以前我是很溺爱孩子的，很心疼他，只要有好的东西，不管是吃的还是穿的，自己舍不得，对他都舍得。但是有这么一天，我突然发现，在他的心中我除了是一个可以索取的对象以外什么都不是，自己的内心就顺势降到了冰点，我不禁要问，他长大以后会像我照顾他一样照顾我吗？他会意识到我养育他的不容易吗？每当想到这些，内心就会陷入焦虑，因为到现在为止，我看不出自己在他心中的重要性，只看出了他对我的渴求，完全是经济渴求，物质渴求，至于情感，年龄长一岁，就淡一分，搞得我自己都莫名的恐惧了。"

听了她的倾诉以后，我问她到底经历了什么，让她产生了这么大的震动。她说："其实事情只是小小的一件，那就是，那天我买了很贵的带鱼回来烧，孩子放学就闻到了香味，过来就叼走了一块。其实这也没什么，重要的细节在饭桌上，当我把所有的饭菜都做好的时候，却发现餐桌上的带鱼几乎都已经被孩子左一块，右一块的吃光了。我问他：'你知道爸爸妈妈还没吃呢！'结果他一脸的不在乎说：'你做带鱼不就是做给我吃的吗？'听了这话，不知道为什么心里就是那么的不舒服，我觉得自己未来没指望了，他永远都没有考虑过我们为人父母心中的渴求和需要，养育他这么大，心里只有自己，什么好要什么，一切都是理所当然，我就担心这种理所当然成了习惯，到我们老了，走不动了，他向我们索取的概念依然没有改变，到那个时候，指望他孝顺我们，实在是天人说梦，所以我觉得，得赶快采取行动，快速地扭转这个局面。"

我听她这么一说点点头说："你说得很对，只可惜现在很多家长都还没有意识到这件事有多么重要，如果不及时的扭转孩子的错误想法，到时候不是他不想孝顺你，而是他心中根本没有这个孝顺的概念，因为你的爱已经把他包裹得太严实了，太严实的状态往往会让一个人养成很多错误的行为习惯，一旦习惯养成，想要扭转局面就实在太难了。"

人们常说养儿防老，但是现在很多孩子在概念中始终都是以自己为中心的，他们从来没在意父母的需要，所以也就无法将自己优化成一个令人尊敬的孝子，这已经成为了大环境中的一种现象。而这种现象很可能就发生在我们自己身上。

曾经有一位老人跟我抱怨，说年轻的时候，教育孩子要好好读书。而孩子的成绩确实都好，一直名列前茅，结果长大了，独立了，一个月也未必来看自己一次，总说自己忙，总说有很多事情要做。后来出国了，在国外结了婚，一年也不见得给家里打一次电话，他说自己还年轻，要为事业拼搏，他说他看到了外面更广阔的世界。可是他从来没有意识到此时的父母已经是八十岁的老人，行动不便，快要无法照顾自己，结果老两口没有别的选择，只得卖了房子到养老院去居住。每当问到儿子，他们总是一副骄傲又无奈的样子，骄傲的是，儿子在事业上很成功，无奈的是他的心中从来没有真正意识到父母的渴求。

想到这我内心冥冥之中就产生了一股伤感和悲凉，倘若眼下你旁边的孩子意识中始终没有将"孝顺"这两个字装进心里，即便你把他培养成领域中的精英，他在个人的品质道德方面依然还是有欠缺的，看不到父母的需要，就很难理解他人的需要，当他的心中只有自己的时候，即便是很聪明，也同样会限制自身的发展。

想到这，我的眼中突然闪现了这样一个镜头，一个母亲给家中的老人端洗脚水，孩子看到了以后，转身又去给妈妈端洗脚水，一边给母亲洗脚，一边跟母亲分享小鸭子的故事。当时的情景真的很让人陶醉，我想作为父母，倘若自己的孩子能做到这一点，那将是他们生命中最幸福的时刻。但幸福是需要我们用心去争取的，我们需要勇敢地向孩子表达自己的爱，同时也需要勇敢地向孩子表达自己内在的需求，我们需要在与孩子的互动中不断地浇筑内心的期待，我们需要适时地示弱，让他们在心中产生保护父母，孝顺家人的意识，我们需要用智慧不断地去引导他们，这或许也是一种情感上的投入，而这种投入将会更好地完善孩子的品质，也可以让我们拥有更幸福的晚年生活。所谓的安全感是双向的，小时候孩子的安全感由我们负责，那么长大以后，我们的安全感必然会交付于他们。在这里想说的是，父母的爱并不意味着要将自己打造成一个全能的超人，而是要让孩子意识到自己的付出，意识到自己的使命和责任，意识到有一天我们会老，意识到那个时候，我们会转过头来成为一个需要关怀的孩子。

大人有大人的烦恼，大人有大人的无奈，孩子迟早会成为大人，大人也迟早会步入老年，这个过程中，最大的渴求莫过于亲情和理解，而所谓的理解，不在未来，就在当下，就在当下你与孩子点点滴滴的互动共处中，就在你示弱的片刻，他对你报以关爱和温情，越发地开始关注和照顾你的生活，当你可以从他的眼神中看到温暖和柔情，当你真正体验到他语言行为中的改变，你就会在欣慰中将心安定下来，什么算是教育的成功？不论地位，不论才华，"孝"字当先，才是父母教育孩子过程中最大的智慧啊。

赵中华老师语录：

1. 目中无人的人没有未来，心中有人的人更容易成功。

2. 每个人都想拥有最好，会分享你会因此而得到更多。

3. 会关心别人的人，永远受人尊重。

不悌：两个孩子为了利益，不惜大打出手

家长问： 现在很多家里都不再是独生子女，有了老大就想要一个老二，结果发现四口之家比三口之家更难经营了，两个孩子好像是天生的冤家，都希望从父母这里得到更多的爱，结果哥哥没有哥哥样，弟弟没有弟弟样，两个人总是因为一点小摩擦而大打出手，真是不知道怎么办才好。

老师答： 想让这样的事情不发生，首先要做的事情就是让两个孩子意识到，生命中有彼此陪伴是件幸福的事，当他们开始珍惜这种缘分，善待这种缘分的时候，所有的困扰都会因此迎刃而解。毕竟父母只能陪孩子走上一段路，而之后的日子，有这样一份血脉之情，本身就是一件多么开心的事啊。

原文：

子曰："非礼勿视，非礼勿听，非礼勿言，非礼勿动。"

译文：

孔子说："不合乎礼的事情不看，不合乎礼的话不听，不合乎礼的话不说，不合乎礼的事情不做。"

有一次和朋友一起出差，他一路上都在看着妻子发的信息摇头。我问他到底出了什么事情，他说："还有什么，老大把老二给打了。这两个孩子啊，亲兄弟跟冤家似的。"我说："怎么会？以前的人家，谁不是家里都有姊妹几个，也没有谁会跟谁大打出手啊。""你不知道，"朋友说："现在的孩子都以自己为中心，就我们家那个老大，老二生出来的时候，他就看他不顺眼，见我们不注意就上去拧巴几下，好像这个世间有一个人马上要抢走他心爱的玩具一样。可能就是这个原因，这老二记事儿起就跟他不对付。你不让我动的东西我非动，你不让我拿的东西我非拿。你要说你想要爸妈的爱，我小不点非要像考拉一样挂在他们身上给你看，告诉你，爸爸妈妈是最爱我的。这老大看了还不生气，所以这两个孩子啊，我们家每天都安生不了，动不动就掐起来打起来，做多少思想工作都没用。这不，老大又把老二给打了，我在外面，他妈一个人说招架不来，这可怎么办啊。"

听了这话，我真的哭笑不得，现在很多父母都决定要二胎，这意味着三口之家将迎来新的家庭成员，有些孩子被热切地期待着，有些孩子则始终是不高兴的。因为他们知道，这个鬼东西降临之后，父母的爱就无法完全属于自己了。这是一种典型的以自我为中心的自私行为，而这种自私行为，在男孩儿身上有，在女孩儿身上更多见。毕竟女孩子心思细腻，内在情感比较敏感，所以在面对老二的时候，虽然嘴巴上不说，内心免不了一种无名的哀伤。于是，这个问题已经成为了很多二胎家庭所面对的一个重要问题，如何让两个孩子相处得更和谐，如何让两个孩子能够彼此关爱，脱离那个以自我为中心的阴霾，就成为了当下很多父母所关心的问题。

中国有句话，叫作首孝悌，次谨信，这里面孝指父母，悌指的就是兄弟姐妹。但事实上现在很多孩子在心里很难接受与一个同根生的孩子一起分享心爱之物，更无法忍受父母将更多的照料投向别人。如果这时候不能有效地扭转他们小霸王的局面，帮他们从他自身那种爱的私人空间中转变过来，不但会影响家中的父母兄弟的和谐关系，还可能让他们在步入社会的时候，陷入更多痛苦和不堪。

那么究竟怎样有效地解决这个问题呢？很多父母说，其实面对这件事，自己是很难抉择的，手心手背都是肉，说哪个都觉得不忍心，但不说的话，矛盾就会越来越激烈，每天的工作生活已经很劳累，回家两个孩子再这样打打闹闹，作为成年人就会觉得实在是力不从心。其实想解决这个的问题也很容易，只需要我们让他们对彼此产生同理心和共情心，让他们能够站在对方的角度去看待问题，让他们意识到身边有这样的兄弟姐妹是件幸福的事儿，让他们知道把爱分享给彼此会因此而得到更多的快乐。那么这种内心的痛苦和烦恼，就会被一种快乐和成就感所代替，他们会因为生活中有这样一个一起成长的伙伴而快乐，从此放下内心的私欲，开始源源不断地为彼此付出，以至于有一天，某个人突然间离开家两天，自己还会因此而担心挂念，产生了一种很不习惯的感觉。

我就有这样一个智慧的朋友，他有两个孩子，彼此之间只相差一岁，起初哥哥是很排斥弟弟的，弟弟刚出生，尚未懂事的哥哥，就爬到弟弟的小床边上去抓他的脖子，结果一道道的红印子险些把弟弟抓成花猫。后来两口子觉得这样不行，一定要让孩子从小产生一种兄弟情深的依恋关系，他们对孩子一视同仁，只要哥哥有的，弟弟就有，只要弟弟有的，哥哥一定也会有。除此之外，他们还不断训练哥哥弟弟的互助精神，让他们一起来参与一场游戏，找两个大勺子让他们为彼此喂饭，起初两个人的配合并不默契，但后来终于在游戏中找到了感觉，有说有笑还吃得很开心。就这样哥哥弟弟，很快解除了内心对彼此的不安全感，成为了相当要好的朋友，而且感情也相当深厚。这样一来，整个家的氛围也因此而焕然一新，哥哥会随时随地维护弟弟，弟弟也会随时随地帮助哥哥，一旦有谁遭遇了困难，第二个会毫不犹豫地冲上前去。

其实在很多父母看来，这是我们心中最满意的状态了，我们真的希望，四口之家会比三口之家更幸福，毕竟当我们做出这个选择的时候，无外乎是希望在他们成长的过程中，孩子不至于因此而感觉孤单。

所以，面对家中的两个调皮捣蛋的小家伙，与其一定要用孝悌之法去多么严格地要求他们，不如让他们一起来做一个问卷，我们可以罗列出下面一些问题，并引导着他们一起来做出正确的答案：

1. 你心目中渴望拥有一个怎样的兄弟姐妹？

2. 你希望他心中的你是什么样子？

3. 你觉得你应该怎样有效地维系好自己的形象？

4. 你觉得你是否渴望让对方更了解自己？

5. 你愿意去了解对方吗？

6. 你的需求是什么？

7. 你觉得他的需求是什么？

8. 你觉得当下的这个兄弟姐妹是自己满意的样子吗？为什么？

9. 你觉得你作为他的兄弟姐妹，对自己的状态满意吗？

10. 你觉得自己要采取怎样的改变？

11. 你希望对方采取怎样的改变？

12. 你觉得怎样才能更好地与他相伴人生？

13. 你觉得你们两个人在一起的时候，怎样的状态是最舒服的？

14. 你觉得你们共同达成的目标应该是什么？

15. 你觉得怎样能够维系好你们之间共同的利益呢？

16. 你希望每天在一起的时光中是笑着还是哭着？

17. 你觉得你们在怎样的互动状态下是最美好的？

18. 你觉得他叫你一声哥哥 / 弟弟 / 姐姐 / 妹妹的时候会幸福吗？

19. 你觉得你应该怎样有效地培养好这种内心的幸福感呢？

完成了这一系列的问卷，两个孩子可以交换给对方看，然后尝试着向对方微笑、拥抱，告诉彼此，其实这一生有这样一个你是件很幸福的事情。我们可以让他们下决心，把对方当成是自己生命中最好的礼物，或许就时间而言，总有一个会早一些来到这个世界，但就生命而言，无所谓早晚，当孩子可以以一种共情接纳的态度去拥抱彼此，那将是作为父母的我们最高兴的事情。所谓爱，就是能够让我们从中感受到喜悦的力量，兄弟姐妹的情感是一种交融，在成长的过程中，他们对彼此的珍惜将会成为生命历程中另一种爱的投入，倘若从小就在不缺爱的同时，源源不断地传递爱的力量，那么在他们有爱的精神世界里，会看到爱给他们带来更多价值、回报和数不清的感动和圆满。

赵中华老师语录：

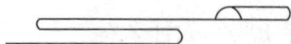

1. 心中有兄弟，道路宽无惧，朝夕互为伴，此生不孤单。

2. 倘若有一个人，可以在有限的人生中给予你最长的陪伴，那么你就一定要珍惜。

3. 在互动中，倾注关爱，你就会在关爱中行走一生。

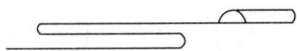

第七章

想要学习好，先要活出自己的真性情

厌学：孩子不爱学习，不想复习怎么办

家长问： 我现在越来越搞不懂自己的孩子了，极度的厌学，极度的不爱学习，好说歹说都不听，每天让他复习功课跟上了刑罚一样，坐在那里一脑门子官司，看着就来气，请问老师，遇到这样的问题少年，作为家长，我到底该怎么办呢？

老师答： 其主要原因是，你没有真正意义上让他从中找到兴趣和成就感。

原文：

孔子云："学而时习之，不亦说乎？"

译文：

孔子说："学了又时常温习和练习，不是很愉快吗？"

很多家长都很困扰，说自己的孩子不愿意学习，每天只知道打游戏，说

学习太痛苦了，真的不想再继续下去。针对这个问题，我曾经问过一个学生："为什么喜欢打游戏，不喜欢学习呢？"他的回答是："学习找不到成就感，没有鼓励，只有批评、对比、奚落，每天看着老师爸妈那张苦瓜脸真的已经够了。但是打游戏不一样，我在不断挑战自己，我过关的时候，会有很多人给我点赞，那时候我简直是太有成就感了，我觉得我是天底下最棒的人。"

看了吧？问题就在这儿，什么能够给孩子成就感，他就会首当其冲去做什么。什么能够在他脑中分泌更多的多巴胺，他就会首当其冲选择什么，不管这件事对自己未来会产生什么样的影响，不管这件事是正确还是错误，他都会去选择，因为他能从中找到自我价值，即便这种价值本身在我们看来是无用的，是虚无缥缈的。

为了得到一份肯定，所有的人都会不遗余力，这种肯定有时候是别人给自己的，有的时候是自己给予自己的。别人给予自己的，就是一种认同，是每一个家长需要做的功课，要让孩子在你的积极鼓励下不断地体验成就感，而不是因为一时的成绩差就去奚落他，批评他。而自己给自己的，则是要让孩子在学习的过程中真实地体验到内在的成就感和自信心。

曾经有一个孩子就说："我最讨厌妈妈说：'看看那个老谁家的小谁，人家怎么那么聪明，你怎么那么笨。'这个时候我心里就特别不舒服，你不是说我笨吗？我就笨给你看，我就是不学了，你能拿我怎么样呢？"在这样的自我认同下生活，你的孩子长大以后，从心理健康角度来看一定是有欠缺的。

曾经有一个孩子，学习成绩一直不好，老师甚至要他退学。但是他的爸爸却说："我的孩子一定会成为班级里最厉害的学生，未来也会成为所有孩子中最优秀的人才。"儿子问："爸爸，为什么？"爸爸掏出了孩子书包里所有的书籍，落在一起，用尺子丈量了一下说："儿子你看，没有多少东西，所有的知识都在这儿了，整个加起来也就一尺半高，你只需要每天学习一厘米的内容，这对你来说，根本不是多么困难的事情。更何况，学习并不是一件痛苦的事情，他是一种游戏，你只需要掌握其中的工具，就有很多种玩儿法，所以你首先要掌握内容的核心，把这些东西掌握在手里就天不怕，地不怕了。我相信我的儿子一定是最棒的。"

从那以后，这个孩子就变得不一样了，每天开始主动学习起来，突然间他觉得眼前的知识再不是他想象中那么难以理解的东西，他自觉地去背公式，用心地去写文章，将英语单词一个个地拼写出来，这个时候，他终于从学习中找到了成就感，并越发地爱上了学习。

很多家长说："现在的孩子抗挫能力实在是太差，一次考试失利，便开始颓丧起来，几乎好几个星期状态都调整不过来。总是说：'我学不好了，不想坚持了。'"

但是这里想说的是，学习这件事，本身就是一个自由探索的过程，因为知道自己的不足，知道自己所学到知识的局限，才更应该产生一种亢奋的心理，这种积极进取的信念，是我们家长应该用心对孩子进行培养的。我们可以说："哇，天下竟然有问题能够难得倒我儿子，那接下来的日子真的有的玩儿了。学习的知识没有掌握，就需要不断地反复练习，小鸟羽翼丰满以后，也不是一下子就能飞上蓝天的，这是一个循序渐进的过程，只要你觉得其中有那么一些知识，自己已经掌握了，那就是一件值得开心的事情，倘若你发现有一些只是还没有掌握，那也是值得开心的，至少你知道自己存在不足，不足的空间越大，成功的空间就越大啊。"

《礼记·学记》云："故学然后知不足，教然后知困。知不足，然后能自反也。知困，然后能自强也。故曰：教学相长也。"对于知识而言，不断地思考便会从中不断地获得惊喜，学日日新，时时生新，越学越熟识，越是能从中品出更多的内容。时时人不同，时时念不同，时时思不同，时时得不同。反复地凝练便可以不断从反复中得到更多。我们需要让孩子在学习的过程中享受这样的过程，不断有新鲜的智慧涌现出来，不断会有新鲜的灵感呈现出来，在这样的知识不断增长过程中，他自然会从中发现兴趣，找到自己的成就感，愿意在自己的知识成就中，多花费精力和时间，因为他这个时候可以从学习的过程中不断地找到兴趣感和成就感，而这一切正在循序渐进地成为一种习惯，但这种习惯养成以后，孩子就会向着良性的方向运转，到时候家长不需要做什么，孩子也会自主学习，因为他能从中找到快乐和喜悦，而对于一个人来说，能够源源不断为他提供快乐喜悦的事情，往往是他整个人生选项中，容易坚持下去的事情。

什么才是人生真实的喜悦，真实的喜悦是藏在心里的，并不被别人知道的。因为在学习的进程中得到了，这种得到融入了生命的血液，以至于激发出了真实的喜悦，这件事仅仅只有自己知道，却足够让内心富足，这是很难用语言表达出来的，需要自己在人生的过程中不断发现，唯有不断地在内心中见到喜悦，才能不断地从觉悟中享受成就，这种能量是自发的，对于一个养成良好思想习惯和学习习惯的人来说，这种能量是随时可以自发调取出来的。之所以去做，不是因为别人的鞭策，之所以做是因为自己真诚的热爱，这是完全两个概念，也是家长帮助孩子有效进行自我转化的契机。

曾国藩说："天下所有的东西只要花力气去磨制，都能改变它的本质，而成为别的精彩的东西，更何况追求学问的人呢？只要每天接受新的道理，花百倍的功夫，又担心什么不能变化自己的气质，超凡入圣呢？"对于知识而言，如果只是理解为对知识的温习，就不全面了，学了之后，只有不断地去练习，去实践，才能最终获得内心的喜悦。

让孩子在学习中找到自己的价值和意义，让孩子不断地在学习的体验中找到成就感，所谓的蜕变就会从那一刻开始。在这个过程中，作为家长，你的鼓励、智慧、引导和支持，一定是至关重要的。

赵中华老师语录：

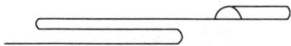

1.学习不是空谈，唯有能够在生活中加以实践，那才是真正具有价值和意义的事情。

2.不是学习没有用，是你从未真正意义上运用过它。

3.但凡是觉得学习痛苦的，往往在于，他没有真正找到乐趣，一旦乐趣被开启，后续的成就感，便会成为他们生命中不可缺少的动力。

无趣：天天偷着看小人儿书，手里一本有用的书都没有

家长问：前段时间我被孩子的老师叫到了学校，一进门人家什么都没说，直接摆出好几本从孩子那里没收的漫画书，老师说，孩子在上课的时候不好好听课，把课本的书皮套在漫画书上，看着一副蛮认真的样子，其实根本不是那么回事儿，再这样下去，干脆回家算了。我一听真的很惭愧，到底该怎么办呢？

老师答：孩子之所以会喜欢漫画书，是因为漫画书里没有压力，还能给他带来很多乐趣。这时候与其去强迫他丢掉漫画书，不如用心的培养他学习的兴趣，当他能够在学习中找到成就感的时候，漫画书的吸引力也就自然而然从他的世界里消失了。

原文：

子夏曰："日知其所亡，月无忘其所能，可谓好学也已矣。"

译文：

子夏说："每天知道自己所没有的知识了，每月复习已经掌

握的知识，可以说是你好学了。"

———————————

这个世界充满了诱惑，尤其是对于好奇心极重的孩子，更是会很轻易地被一些新鲜事物吸引过去。然而作为父母，我们都很希望自己的孩子能够对学习产生浓厚的兴趣，但最终的结果往往事与愿违。他们要么会对玩具痴迷，要么与漫画为伴，甚至有些孩子，从小学到高中毕业，手头都有看不完的小人书，那里的剧情峰回路转，而学习成绩却一落千丈，这样的状态怎能不让父母揪心。但究竟应该怎么解决这个问题呢？

前段时间惠宁的一个同事告诉我，眼下的自己一直对孩子的教育问题很头痛，说自己家的孩子，被老师告状，说上课胆敢翻看小人书，还把课本的书皮包在外面做伪装，结果老师课程都讲了一半，他什么也没听进去，直到老师叫他起立回答问题，他才瞬间从小人书的世界转入正题，一脸茫然地站起来，支支吾吾地不知该说些什么，于是老师走上前去，看他的书本，却发现里面竟然是一本漫画小人书。这回可把老师气个要死，回到办公室以后，就忍不住要给家长打电话，而且据班主任反应，孩子已经不止一次被科任老师抓住现行了，屡教不改，一而再再而三，现在成绩已经是全班倒数，再这样下去，除了退学没有别的选择了。

听到这样的话，作为父母哪个不着急。于是回来以后，就找孩子谈话。结果他的反应是："学校的课程我也不稀罕上，一点儿意思都没有。如果老师说我不适合上学，那就不上了呗。"听到这话，作为家长的她怒火冲天，冲着孩子暴嚷了一通，督促着他认真完成作业，起初几天，貌似有所收敛，但之后又再次重蹈覆辙，搞得她不知如何是好，于是借着工作关系找到了我，问我到底该怎么办。

　　我说："你有没有考虑过，小人书，为什么对孩子那么有吸引力？为什么学校的书本，就对他的兴趣意义不大呢？里面一定有原因，把握住孩子的兴趣点，着眼于要害进行引导，总要比盲目地采取行动更为有效。"听了我的话，这位同事顺势开始推理说："可能是小人书的故事写得实在太精彩了吧。""也许是！如果是这样，那我们就需要以此好好地做做文章了。"

　　古人云，真正精致的学习态度莫过于："两耳不闻窗外事，一心只读圣贤书。"当年陶冶古人性情的，是圣贤之士的道德文章，因为他们有志于此，所以甘心被这些文字二次创造，于是全身心地沉浸在它的世界里，成为它浩瀚海洋中的一部分。他们心中是乐于如此，甘愿如此的，所以觉得每天与这些内容相伴，是自己活在世间最快乐的事情。

　　而对于现在的孩子来说，他们所接收到的信息太广泛，所能接触到的内容太广泛，他们的选择太广泛，因此他们内心的欲求也变得宽泛起来，于是我们看到，他们的选择开始渐渐背离自己应有的选择，他们的思想因为过度地接受信息而变得凌乱不堪。这也就是为什么有些孩子会在上课的时候搞副业，即便是不搞副业，他们的脑子里也始终都在流动着其他的东西。就成年人来说，一个人看过的书，行过的路，见过的人，都是锻造深化他们灵魂的重要组成部分。倘若这个时候，这些部分凌乱了，承载一系列多余的成分，那么对于这个人的前程、未来乃至于他的道德素质都会有很大的影响。

说到这，让我们回到小人书的议题，我也曾经跟一些小学生探讨过这件事，我问他们为什么那么喜欢小人书。他们的答案是："很轻松，很精彩，自己会因此而放松下来，伴随着精妙的故事情节，沉入角色，那种感觉实在是太享受了。"

我听了以后，笑了笑对他们说："倘若如此，你们只能是一个读故事的人，却做不了创造故事的人。"听了这话，他们很好奇地看着我说："这是怎么回事儿呢？""你觉得故事为什么那么吸引人？因为创作故事的人很有能力，他已经深入到了你们每一个人的心里，而且精通于你们内在强烈的好奇心，除此之外，他必须结合现实，将一系列的知识牢牢把握，因为倘若这个时候，自己对知识的功底不扎实，就难以更好地取信于人，倘若这个时候，稍微在逻辑上出现问题，很快就会遭到读者的排斥。所以他必须在知识和逻辑上做到最好，从而不断地优化自己的文字功底，将每一个画面布置得深入人心，这样才能赢得读者的认同和喜爱。于是，你们就这样直观地感受到了他的创作，却从来没有意识到原来内容背后，藏匿着这样一个有身手的人。他用他的才华偷走了你的时间，但你却心甘情愿地利用宝贵的学习时间去跟随他的故事情节。试想一下，如果当时的他，也像你们一样，上课不好好学习，只知道看闲书，或许现在你们手中的故事，早已经不归属于他的创造了。孩子，一切都是循环效应，你是愿意今后只成为那个在别人成功鞭策下的看客，还是从现在开始，努力地改变自己，成为那个日后用思想引领别人的重要角色呢？"听了这些话，很多孩子顿时开始觉悟："哇，原来小人书背后的创造者这么伟大，但又那么可怕。我不能总成为他的看客，我以后也要成为那个写故事的人。"我听了以后，摸摸他们的头笑笑说："想想吧，这些小人书的创造者，现在已经成功了，但是你们还小，可以创造比他们更伟大的成功，但是如果你现在只在他们的作品中花费时间，而错过了自己努力的光阴，这样的行为是不是很愚蠢呢？这意味着，你在为别人的成功买单，却心甘情愿地失去自己成功的机会啊。"

听了我的话，很多孩子都受到了启发，他们发誓从今以后，再也不看小人书了。我听了以后摇摇头说："这倒也不必，你可以把它放一本在自己的书案上，每当想看的时候，就想想老师说过的话，这样你的内心就会因此生起力量，知道此刻的自己最应该做的事情是什么了。"

作为父母，我们知道书到用时方恨少的滋味，在社会中沉浮数载，自己吃过的亏，真的不想让孩子经历，当下的他们，人生才刚刚开始，但倘若这个时候，功力上出现了偏差，那对于他们的未来而言，影响是相当深远的。我们曾经经历过词穷的尴尬，我们曾经经历过无知的迷茫，我们曾经因为机会的错过而消沉过，但这不代表着，我们要在教育孩子这件事上不明智。对于孩子兴趣点的偏差，我们首先要做的就是优化孩子身边内容上的选择，其次就是让他们甘心情愿地为自己未来而努力。我们要让他们明白，现在手中的一切都是别人成功后的杰作，倘若自己当下只知道沉沦于别人的创造，那么自己的人生将不会再有属于自己的创意。创意源自知识，知识就在脚下，选择正确的方式去赢得它，这样才能给明天多加上一成胜算，多一份内在的从容和自信。

有一位日本著名小说家说过这样一句话："面对生活，我随时可能失去力量，但想到自己看过的书，行过的路，经历过的故事，自信就会重新归来，人生就会因此充满力量。"真正的力量源自你的知识，人们常说："知识改变命运。"倘若现在，改变命运的钥匙就在他们自己手里，那就鼓励他们勇敢地调动自我，全力以赴地开始属于自己的成功探索吧。

赵中华老师语录：

1. 想让孩子改变，就要多做一些能给他带来希望的事情。

2. 兴趣是基础，它是唯一可以支撑一个人走到最后的力量。

3. 所谓的畏难，多半是因为自己不情愿。

不专：孩子学习不专注，总是三心二意

家长问： 现在的孩子常常会被外界各种事物诱惑，学习上很不专注，就拿我的孩子来说，回来写作业总是磨磨蹭蹭，一会儿玩玩这个，一会儿弄弄那个，最后熬到天都黑了，一开门，功课做得只有眼前的那么一点点，问他干什么了，他自己也答不上来，真伤脑筋，到底应该怎么处理这样的事儿呢？

老师答： 你说的没错，孩子不专注是因为诱惑太多，眼前有这么多个窗口打开，还是因为我们没有对孩子学习的环境进行精心的设计，调整孩子的心理是一方面，但环境建设也是其中不可忽略的部分，我们需要给予孩子积极的鼓励，帮助他们屏蔽掉眼前的那些不必要的频道媒介，这样他们的专注力才能集合到一点，学习效率也会大大提高。

原文：

心欲其定，气欲其定，神欲其定，体欲其定。

译文：

人唯有内心安定，精神才能够安定，唯有精神安定，身体才能够安定。

———————

有一次带着员工一起进行集体培训，到了快要结束的时候，接到一个家长的求助电话说："赵老师，现在我有一件非常困惑的事情想求您帮忙，对这样的孩子，我到底应该怎么办呢？"

听到他急切的声音，我问："发生了什么事情呢？"他叹了口气说："我也说不好怎么回事儿，起初我觉得自己的孩子特别用功，回到家就把自己关在屋子里写作业，都到晚上十点了作业还没有写完。当时我想，怎么学校给一个小孩子留这么多作业啊。所以直接打电话问班主任，班主任听了很纳闷儿地说：'不会啊，现在国家倡导减负，孩子没有那么多作业的。'后来我又问了几个学生的家长，他们说自己的孩子不到一个小时就把作业做完了。我听了以后，就觉得好奇怪，那这么长时间，我的孩子究竟在做些什么呢？于是我就偷偷地在他的房间安了几个监视器，决定好好地观察一下他。结果我看到，他回到家打开书包，拿出课本以后，仅仅看了两三页，就回过身去玩玩具，再不然就起身到冰箱里拿些吃的，再不然就坐在那里玩手机，一连好几个小时过去了，根本就没有碰书本一下。等到天快黑了，他才开始着手写作业，可进行了不到半个小时，又开始变得不专注起来，只见他一会儿跷跷脚，一会儿玩玩手指头，这样时间又过了一个小时，然后回过神来，又开始写作业。就这样从放学到睡觉，所有的时间他都在三心二意中度过。我是耐住性子看完了全过程，晚上他睡觉了，我却躺在床上怎么也睡不着。真不知道孩子到底是怎么想的，竟然做事情如此不专注。我本来说是想好好地跟他谈谈，但却不知道应该从哪个方向着手，所以还是想请教一下专家。究竟孩子是在心理上出现了问题，还是意志上太薄弱呢？"

听了他的诉苦，我点点头说："这是很多孩子的通病，我还见过一些孩子，上课的时候看似很专注地记笔记，其实书本上到处都画着他们上课期间的作品，要么把书中的插图改了妆容，要么就自己创作一个插图出来，再不然就将内容进行二次创作，总之老师讲什么自己并不知道，因为在这上课的四十五分钟内，他正全身心地投入到了三心二意的花花世界里。等到真正上课提问的时候，才突然意识到，原来这堂课不是绘画课，而是数学课。对于这样的事情，最好的方法就是让他们体验到专注带来的好处，这样才能让他们对凌乱的内心，五花八门的欲求进行有效的自我控制。这项训练并不需要我们板着一副阴森的面孔，而是要不断地对他们的积极作为加以赞美和鼓励，让他们真真正正地享受到专注完成一件事之后的愉悦感和成就感，这样一来孩子就会自主地做出改变，不再愿意回到当初那个三心二意的自己了。"

孩子之所以会三心二意，原因就在于同一段时间，他的欲求在向着好几个窗口打开着，这些内容本来应该是有先后次序的，但是此时的他们，因为无法在次序中进行抉择，所以下意识将好几个频道同时打开。因为这些频道能够源源不断地向他传递各种信息和诱惑力，于是他们的注意力就会因此而难以凝聚，他们的意识能量也因此由集中变为了发散，整个办事的效率就因此而受到影响。这看起来是一件小事，但是就一个孩子的身心健康来说，倘若这样的事情在继续发展下去的话，很可能会对他们的成长相当不利。

曾经有一个孩子就跟我说："赵老师不知道为什么，我的脑袋总是感觉很乱，到了晚上睡觉的时候，它依然不能得到完全的休息，很多画面会突然间从我的意识中跳转出来，于是我跟着它兴奋，跟着它撩动情绪，等到这阵风过去以后，突然另外的画面又插入进来，这样我好长时间都无法入睡。现在老师总说我上课的时候，不能集中注意力，我也不知道自己为什么就会走神，很多莫名的内容会瞬间进入我的大脑，很快我就会被他们带到不知道什么地方去了。其实，我很想让自己的大脑安静下来，我知道这些内容都是我经历过的，但我并不想让他们在我不需要的时候出现，可是……我自己做不到。"当这些话说完以后，孩子委屈地流下眼泪对我说："赵老师，有什么方法，您能救救我吗？"

听到他的诉说我已经对他的生活状态猜得八九不离十，这个孩子在学习生活中一定是规律凌乱的，他一定是在事情的选择上失去了条理，所以大脑才会习惯性地在他做一件事的时候，将其他的事情一并塞进他的世界。于是我问他："你平时做作业的时候，都是什么状态？""我每次写作业的时候，都很想认真地完成，可是后来我发现怎么也做不到，我的脑袋会瞬间浮现出一些学校的事情，然后顺势联想起某件东西，当我下意识地在屋子里寻找这件东西的时候，另外一个想法就会悄然来临，于是这个时候，我整个人都乱了，等我再回过神去做功课的时候，却发现我已经找不到状态，安静不下来了，于是，我会躺在床上休息，可脑袋还是在不停地活动着。""这种感觉一定是很疲惫的对吗？"我问道。"当然了，我觉得我很疲惫，我被我的意识折磨得很痛苦呢。"孩子说道："有什么好办法呢？"

看到孩子内心世界的真实写照，不知道作为家长的你，做何感想。从心理学的角度来说，当一些事情有能量进入我们的大脑时，这意味着，我们身体的大脑器官在源源不断地搜罗着各种各样的信息，这些信息在潜移默化地作用着我们的意识，不断地给我们的生活带来影响。而对于一个孩子来说，状态也是如此。倘若他身处的空间中，充满了各种各样的诱惑，他所接触的内容中承载了太多其他的内容，而此时的孩子又没有能力对自己所需要的东西进行筛选，那么就在下一个时刻，当这些频道在同一个瞬间全部打开，他的意识，以及行为就会因此陷入凌乱不堪的状态。所以作为父母，我们首先要做的，就是尽可能对他们所接触到的内容进行系统的筛选，对他们所处的空间进行优化，并帮助他们建立专注的意识习惯。这样一来，孩子的思想才能得到净化。

那么究竟怎样培养孩子的专注力呢？其中最重要的一个核心部分就是，让他们能够真正意义上的享受到专注给他们带来的好处，让他们自主自愿进行自我改变。例如我们可以跟孩子立下一个君子协定，陪同他一起做个实验，鼓励他在一个小时之内专注身心去完成手头的作业，而之后的时间都由他自己来自由支配，同时爸爸妈妈还会给他一个大大的奖励。这时候一定要将那个美好的预期描绘得尽可能完美，尽可能丰足，足够勾起孩子内心的渴求。因为从心理学上而言，当一个人只需要很小的投入就能得到丰厚回报的时候，他的积极性会推动他集中全部注意力去实现它。

在这个过程中，我们可以陪伴在孩子身边，不去干涉他，也不去催促他，而是安静地坐在他身后，用内在的力量去鼓励他。当他第一次全力以赴地完成了一件事，而且达成了预期的一切时，我们便可以骄傲地为他们竖起大拇指，并及时地兑现自己的承诺。

这一天，是孩子一生中的崭新起点，这一天，他从一个思维凌乱的孩子走向了专注的自己，这是一个孩子完成内在重生的一天，也应该成为他们生命中值得记住的日子。这将意味着，从那以后，他们将告别曾经不堪的自己。而作为父母，我们也应该让这一天成为一个特殊的日子，因为在他悄然蜕变那一刻，我们将爱和行动发挥到了极致，我们成为了这一切真实的见证者。或许时光荏苒，孩子成年，翻回来再去回忆往事，那将是一段何等幸福的记忆，因为在那个自我蜕变的重要时刻，我们是陪伴在他身边的人。

赵中华老师语录：

1. 不专心是因为手里的事情没有吸引力。

2. 想要保持专注，首先要让孩子找到专注的理由。

3. 当一个人全然地爱上某个领域的时候，即便是有再多分心的事情，他的意识也从来不会因此而动摇。

糊弄：做作业总是敷衍，一点儿都不认真，就知道糊弄

家长问：我家的孩子做作业很快，但是萝卜快了不洗泥，每天放学回家，不到一个小时就把作业搞定了，等到我检查的时候，那字迹潦草的，那错题一个个的看着就让人心烦。跟他说你做作业一定要认真些，每次都信誓旦旦，但到时候就不是他，这样从小就知道糊弄自己，长大以后还能有什么出息啊。

老师答：面对这件事，我们首先要做的不是一味地抨击孩子，而是要引导鼓励他们成就一个更精致的自己，他们要在这个过程中找到属于自己的成就感，并在成就感中有了尽善尽美的积极行动，这样的策略可以促使他们进行自我修正，同时可以有效地改掉自己身上敷衍了事的行为习惯，一旦习惯养成，即便是我们要他草草了事，他自己那关也是过不了的。

原文：

子夏曰："博学而笃志，且问而近思，仁在其中矣。"

译文：

子夏说："广泛地学习，不断坚定自己的志趣，恳切地发问，联系当前问题进行思考，仁德就在这里面了。"

———————————

作为父母我们都希望孩子能够拥有一个更为精致的自己。不管做什么事情，哪怕是一件很小的事情，我们都希望他们可以做到极致，做到完美。可是现在的孩子偏偏是不听话的，对待手头的事情总是不紧不慢，尤其是在对待功课和作业的时候，更是消极怠工，很多家长都反映，对待孩子这种漫不经心随便糊弄的情况，实在是太困扰了。

在解决这个问题之前，我们首先要了解的事情是，孩子为什么会消极怠工，为什么在面对功课的时候，总是在糊弄。很多家长觉得，这可能是因为孩子太贪玩，总想着快速搞定这门苦差事，然后顺势进入下一步的娱乐状态，但事实上真的如此嘛？

有这样一个孩子他给人的感觉很努力，但是就是在理科科目上总是给人一种漫不经心的感觉。他每天会花费很长的时间来进行这些科目的学习和作业，但是当家长和老师检验成果的时候，却发现他出现的错误，都是在一些很微小的细节上。比如数学老师说："这个孩子在逻辑思维能力要求很强的应用题上从来不会丢分，但是一到纯计算题，那错误率就实在太高了，如果追其原因，他在智商上绝对没有问题，之所以会有这么多的错误，就是因为自己没有真正用心，没有缜密细致追求完美，时间一长，就形成了一种消极的惰性，以至于一道题做完以后都不愿意再看第二遍，甚至对它的对错毫不关心。"

其实现在的很多学生都有这样的现象，在他们的心中都存在着一个"差不多"先生。还在孩子阶段的他们，根本就不明白什么叫细致，也不想在自己不感兴趣的事情上花费太多时间。在他们没有真正爱上学习之前，每天去学校都是一种例行公事，尤其是从幼儿园进阶小学的阶段，很多孩子都没有真正意义上转变意识，直到上了一年两年以后，他们才对学校与幼儿园之间的区别有所了解，开始意识到，这两者之间是存在差异的。

　　相比之下，孩子在幼儿园中的生活是相对轻松的，尽管那里也会安排一些功课，但对它算不上什么沉重的负担。即便是这个时候随便糊弄一下，只要表面文章能够通过，老师也不会说些什么。而对于家长而言，我们总觉得这个时候孩子还很小。还不足以承担太大的压力。可当孩子真正上了小学，情况就截然不同了，作为父母开始越发关注起孩子学习的问题，对于孩子而言，适应学校的生活，真正意义上把学习当成自己每天最为重要的事，是需要一个过程的。曾经的自己，每天心里想的就是混够了幼儿园的几个小时，就可以毫无负担地回家玩耍，可是现在每天有这么多的课业要学，有这么多的功课要做，即便是回家也不得轻松，这样的日子好像要比曾经艰辛了很多。为了能够有效地达成某种平衡，他们很可能会在这个时候采取糊弄过关的行为，因为当自己快速的以这种方式完成作业以后，他们便可以重新回归到幼儿稚园的生活状态了。

　　孩子之所以会对功课糊弄了事，源自他们对所学内容的重要性没有提起足够的重视，他们从来不认为当下自己学习的内容会与自己的未来息息相关。尤其是小学的孩子，尽管每天都要在校园中度过很长时间，但心里始终都觉得自己不过是因为父母上班没法照顾，所以才会被动的托管在这里而已。至于学到什么，倘若有兴趣的内容就会多听一些，如果没有兴趣却要完成一系列作业的，为了应付了事也就只能消极地去糊弄了。

曾经有个家长就跟我谈及过这件事，他说他曾经跟孩子针对这个问题认真地谈过一次。孩子的反应是："学校里的功课太难做了，难做到自己连玩儿的时间都没有了。这份苦差事唯一的应对方式就是尽快地完成它，至于质量，真的没什么过多的概念。对于那些自己不喜欢的科目，差不多就可以了，倘若在这些事情上浪费掉自己所有的时间，那简直要把人逼疯了。"

听了这话觉得也有一定的道理，面对孩子内心的苦恼，很多成年人虽然经历过，但也早已伴随着逝去的光阴，在岁月的荏苒下淡去了颜色。但在教育孩子之前，倘若我们能够花时间来想想自己，就会发现，所谓的敷衍又有谁没有经历过。遇到自己不想做的工作，敷衍了事吧。面对不想做的家务，敷衍了事吧。面对那些自己不想经历的事情，糊涂过去吧。甚至于有些家长，对孩子从小的教育引导都是："爸爸妈妈不期待你能够成为一个多么伟大的人，因为爸爸妈妈也不是什么优秀的人，我只希望你能够快乐健康，其他的差不多过去就成了。"可是你知道吗？你的一个差不多，并没有给孩子的人生减少了压力，反而催化了他们内心的消极意识。于是他们开始在自己的内心世界，喃喃地对自己说："我并不需要将一切做到极致，只需要差不多就好，虽然一切算不上一流，也挑不出太多毛病，这样的状态不是很好吗？"

于是，就在此刻，那颗尽善尽美的心陨落了，孩子开始下意识地默认平庸，不再刻意地提升自我，他们的内心世界，不再有昂扬的斗志，倘若这样的状态一直延续，结果有多可怕。

说到这，很多家长一定会问，倘若事情已经如此，应该怎样快速有效地解决问题呢？其实，这件事解决起来也很简单。那就是找一件孩子最喜欢的事情，让他尝试着发挥自己所有的能力和智慧，力求将这件事做到尽善尽美。当他动用自己的智慧，最终达成一切的时候，那种内心的成就感和喜悦感会渗透进他的灵魂，这时候我们可以对他说："倘若我的孩子每一件事都能做得这么精致，那未来的他一定会成为一个杰出而优秀的人。"

曾经听过这样一个故事，一个木工马上就要退休，老板说："在你退休之前，能不能为我修建一所房子。"于是这个木工因为想要快点退休而消极怠工，所盖的房子存在很严重的质量问题，而当交钥匙的时候，老板却将这所房子送给了他，并开心地对他说："这就是我送给你的退休礼物。"听到这些以后，木工一脸的不自在，悔不该当初，可是一切都已经难以挽回了。

想到这，我真的很想让大家将这个故事分享给自己的孩子，告诉他们今日种下的种子，决定了未来收获的果实。当下漫不经心的敷衍，收到的必然是敷衍作用下的果实。而在故事的一开始，每个人光明的前程都是有机会得到的。作为父母，我们所期待的，是帮助孩子拥有一所天地间质地最好的房子，那里承载了我们美好的期待，还有他的理性和未来，正所谓千里之行始于足下，九层之台起于累土，美好的一切都要有一个明确的开始，而这个开始，很可能就是从纠正孩子写作业的态度作为起点的。所以，不要再犹豫，是时候把那个"差不多先生"请出他们的内心世界了。

赵中华老师语录：

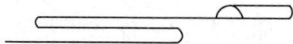

1. 敷衍的做法看似是针对别人，其实是一种不自信的表现。

2. 尽善尽美，才能让自己变得更加完美。

3. 即便是不擅长的事，也可以做到无可挑剔，这样的人，格局是宽广的。

代劳：有一天，他竟然说："妈妈帮我做作业吧！"

家长问： 那天孩子说的一句话快把我气晕了，放学回来，放下小书包，就转过头跟我说："哎呀，上学实在太累了，我现在只想看动画片，妈妈你帮我写作业吧。"当时我就觉得现在孩子的学习态度怎么这样啊，学习都是给我学呢？看着我一脸不高兴的样子，他无奈地摇摇头说："如果现在我身边有一个小机器人多好，那样的话，我就再也不为写作业发愁了。"听完这话，我整个人都要崩溃了，这样的孩子到底应该怎么教育啊！

老师答： 孩子贪玩儿不爱写作业其实是很正常的事情，我们总希望孩子拿出更多的时间来刻苦学习，却没有意识到，为什么孩子不愿意做这件事。倘若我们可以转换角度，让他们源源不断地能够从完成作业中找到乐趣，那很快他们就会在学习的天堂中废寝忘食。所以，开动我们的脑筋，学习未必就是孩子的苦差事，他可以是游戏，每一门功课，每一个知识点，都可以让他们遇到更好的自己。

原文：

子曰："君子求诸己，小人求诸人。"

译文：

孔子说："君子要求自己，小人要求别人。"

———————————

"写作业真的是一件很辛苦的事情，尤其是面对一些很难的题目，那时候的感觉实在是太痛苦了。痛苦到我真的想要快些找到助力。于是我找到了妈妈，她说这道题实在是太容易了，于是我转过身来央求她：'如果这一切在你看来如此简单，那么我可爱的妈妈，你来帮我写作业，我负责玩耍好吗？'……"

这是一个小女孩儿在日记中记录的一个生活片段。每当看到这个生活片段的时候，我的脑海中都能浮现出她妈妈脸上尴尬的表情，小小孩子，内心就有这么强大的托付心理，虽然事情小，但想想她那隐藏在内心世界的惰性，也足以让父母揪心了。

回忆小的时候，很多孩子都有过同样的依赖性，这也就是为什么当时的我们都那么喜欢看童话故事。我们希望自己手中也有那么一支神奇的笔，不管自己对那些题目会还是不会，只要手里握着它永远都有正确答案。我们希望身边有那么一个小精灵，考试的时候，会在我们的耳边窃窃私语，然后就可以轻松地考个一百分。可童话就是童话，真实的世界是需要我们从小努力去应付的，更何况倘若仅仅依靠这些东西，表面上看，自己是熬过了一关又一关的考验，但真实的我们究竟从中得到了什么，拥有了什么？想到这儿，长大成人的我忽然间有了那么一点莫名的庆幸，幸好这一切，并没有出现在真实的世界里，以至于当下的自己才侥幸地从学校中学到了点东西。如若不然，真不知道现在的我会变成什么样子。

现在很多孩子都有不同程度的托付心理，他们觉得只要是把自己的事情托付给别人，而别人比他想象的明智，自己就可以绝对的高枕无忧，自己就会因此得到莫大的安全感。但事实上，当一个人将自己的全部交付给另外一个人的时候，即便这个人对自己来说很诚恳，很亲近，也很有智慧，但依然是一件很危险的事情。

如果你不相信，生活中处处都有这样的事情。当一个女孩儿轻而易举地将自己的幸福交付到一个男人手里的时候，那将意味着她一辈子也别想得到幸福。因为所有幸福的钥匙都不在自己身上。一个员工如果把自己终生的愿景全部交给一个老板，那么他随时都可能面临窘境，因为所有成功的筹码都在别人身上。同样一个孩子，倘若将所有的事情都交付给父母，即便身为父母的我们一切都是为了他好，也未必能够达到她的称心如意。倘若这个时候我们突然意识到，我们的孩子因为我们的某个错误的举动和选择而出现了问题，作为他们的父母，这可能成为我们终生的痛苦和遗憾。

不管是要父母代劳写作业，还是过分地依赖着我们做任何事情。问题的核心，就在于我们养成了这个孩子惰性的习惯。这样的事情倘若出现一次，就会有两次、三次，如此这样延续下去，对孩子的成长是非常不利的。

那么，究竟我们应该采取什么样的方法帮助孩子积极主动地完成作业呢？下面结合我多年的教学经验，为大家罗列出以下的几点，希望能够帮助大家有效地解决问题。

第一，告诉孩子这是他自己的分内事

当孩子面对问题的时候，这正是我们父母对他们采取考验的最佳时期。倘若这个时候他们将依赖的眼睛朝向你，举着手中的数学题问："妈妈这道题该怎么做。"那么这个时候，你必须表明自己的立场，告诉他："这是你的分内事。妈妈负责你的生活，但并不负责你的学习，你分内的事情，是需要自己努力完成的。"

经过一段时间的强化，孩子便会知趣地明白这样的求助根本达不到目的，与其白费工夫，不如考虑自主解决问题。我们可以对孩子说："虽然妈妈这个时候没有干涉你的分内事，但这并不代表着，你能够对自己所要做的事情有所懈怠，倘若总成绩没有达到预期目标，那么原定计划的郊游活动，很可能就要泡汤了哦。"

第二，不在其位，不谋其政

对于父母而言，面对孩子的求助，我们总是无法真正地狠下心肠。每当夜深时，孩子还在为作业烦恼的时候，有些家长就会心疼地说："赶快睡吧，明天还要上学，作业的事情交给妈妈代劳吧。"如此，孩子就会觉得心中有了依靠，下次，下下次，或者就在第二天，他们就会下意识地将功课拖到很晚，然后对你说："妈妈，我累了，帮我完成作业吧。"

面对这样的事情，我们一定要提前有所觉悟，面对孩子出现的这个问题，一定要拿出一个态度，正所谓不在其位，不谋其政。我们不是学生，真正担当学生职责的是他们。学生本身就要自主完成作业，即便是熬到很晚，那也是他们应尽的本分。从这一点来讲，这本身就是我们不应该干涉的事情。一旦这样的原则树立起来，孩子就会明白，眼下的自己，所能依

靠的只有自己，但凡是自己的事，就不要想着推给别人。

第三，狠下心来，知道也说不知道

有些时候，孩子也很聪明，他会以一种示弱的心苦苦哀求父母为他们解决难题。比如当学习遇到困难的时候，他们会说："妈妈你学习一定比我棒。这样的题应该难不倒您吧。"听到这样的话，很多父母就因而有了不该有的举动，对孩子要自己做的事，提起了积极性。而这个时候的他们，只需要安静地待在一边，带着一种认真倾听的神情，之后一切难题就会在大人思维的引导下迎刃而解。这会让他们少付出太多的努力，即便这个时候，作为父母的你，无意识地说上一句："这道题多简单啊，你太笨了。"他们也不会带有任何情绪，因为只要你把这道题解答出来，他们就可以轻松地玩耍了。

所以作为父母，这个时候一定要力求狠心，千万不要被他们可怜的小眼神蒙蔽，即便是知道也要说不知道。当你摆出一副爱莫能助的样子，当你毫无怜悯之心地说："Sorry, I don't know!"看似不近人情，实际上那才是真正意义上的爱。而当孩子一步步地依靠自我的能力，穿越层层阻碍，实现自我价值的时候，他们一定会对当时强装冷漠的父母心怀感激的。

看了这些，不知道作为父母的你，内心有怎样的感触呢？面对孩子的依赖性，面对他们的惰性，面对他们后续无尽的贪婪。倘若这个时候不采取一定的措施，那么问题很可能会因此变得越来越严重，一道简单的数学题，对于我们来说没有什么大不了，或许对于孩子而言，也没有什么大不了。但倘若在他们的信念中形成了无名的阻碍，那么今后他们所要面对的就远不止于此了。而更让我们堪忧的是，此时的我们已经老迈，此时的我们已经不具有帮助他们解决难题的智慧，与其到那个时候，与他一起承受无助和痛苦，不如从现在开始，让她们拥有独自面对难题的勇气，摒弃了依赖，摒弃了托付心理，他们才能够更有主见地驾驭自我，才能以更卓越的胆识和智慧，去迎接每一个明天，每一段未来。

赵中华老师语录：

1. 把自己的事情交给别人，等于把自己推向失控的边缘。

2. 谁也替代不了谁一辈子。

3. 有些时候，最不想做的事情，就是生命中最重要的事情。

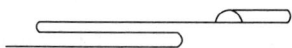

第八章

有好的知识见解，才能铸就好的行为

理想：理想多多，却从来没有认真行动过

家长问： 现在的孩子理想都很超前，每当我和孩子沟通未来的时候，内心都会激荡起莫名的喜悦，我感觉我的孩子是很有思想的，对未来充满期待的，在他的心中有很多很多的理想，也有他想要成为的人，可是当沟通结束后，我发现他的状态始终还是老样子，消极懈怠，贪玩儿厌学，与那个畅想明天的自己判若两人。我告诉他："如果你不做点真格的，你的理想永远都到不了身边。"可是他却若无其事地做个鬼脸，还调侃道："他会来，而且我让他来就来，让他走就走。"真的气死我了。

老师答： 之所以出现这样的问题，是因为我们没有调整好孩子对待明天的态度，他们始终活在当下，未来对他们来说是件很遥远的事情，理想是明天的事情，而不是今天，所以我们需要将他们的当下与未来做一个连接，告诉他们此时的他们已经走在了通往理想的路上，理想每天都在推动自己，而自己身处的位置并不是今天，而是未来，我们要让他们感到未来一天天靠近的紧迫感，要让他们提前看到明天的自己，这样才能达到最佳的效果，无须扬鞭自奋蹄。

原文：

君子有高世独立之志，而不与人一易窥；有藐万乘却三军之气，而未尝轻于一发。

译文：

君子有高出世俗，独立独行之志向，但却不让人轻易觉察出来；有藐视君王，击退三军的气概，但却不会随随便便地表现出来。

曾经看到这样一则广告，作为一个父亲，自己被深深地感动了。广告中，一个孩子在妈妈的陪伴下快乐地成长，看着他大口吃饭的样子，妈妈开始对未来有了美好的畅想，她想："未来我的宝宝可能会成为一个科学家，可能成为一个艺术家，还可能成为一个优秀的商人，但是……就当下而言，他必须先学会好好吃饭。"

每当想起这则广告，我都会不自觉地想到孩子的未来。或许每个家长都和我一样，每当看到自己的孩子在眼前跑来跑去，心中都会默默地为他们祈福，不断地猜想着他们长大以后的样子。于是，我们在他刚刚会抓东西的时候，在他的床边摆上了各种各样的东西，试图去预测他们心中对自己明天的定位。我们常常在他们会说话以后，下意识地问："长大以后，你想成为什么样的人呢？"尽管我们知道，在孩子的世界里，那些冠冕堂皇的职位仅仅还是他们玩家家时模仿的对象，而深挖到内在实质，这些职业对一个人的人生究竟意味着什么，他们根本没有一点概念的。

但即便没有概念，心中有梦想和憧憬总是好的。我们希望孩子的心中能够早一天燃烧梦想，这是他们有生以来在心中燃起的第一个意愿，当一个人为了自己的意愿去努力的时候，内在的能量就会因此而迸发出来，他们会不自觉地彰显出活力，自信和潜在的创造力。于是我们心中对自己喃喃地说："倘若当年的伟人能在少年时代说出：'为中华之崛起而读书。'那么我的儿子在定立志向这件事上应该也不会逊色吧。"

然而让很多父母失望的是，他们身边的孩子随时可能许下很多很多的梦想。他们走进商店的时候没有买到心爱的玩具，就会噘起小嘴说："以后我长大了，一定要开一个超级规模的玩具店，里面的所有玩具都是我的，谁也别想控制我得到我想要的东西。"他们走进滑雪场的时候说："哇，滑雪太有意思了，我以后一定要成为一个滑雪运动员，这样每天都可以在冰雪世界里快乐飞驰了。"他们走进图书馆的时候说："我想成为一个优秀的作家、漫画家，创作很多很多优秀的故事，这样我的每一天都可以跟小人书待在一起了。"后来到了学校，在老师的熏陶下，他们有的说自己想当科学家，有的说自己想当律师，有的说想当第二个乔布斯，最终，孩子们把那些高大上的职业说了一个遍，但最终这些职业能不能成为他们未来的归属，就连他们自己也是懵懵懂懂，难以给出一个肯定的答案。

很显然，这样的理想是不明智的，也是不理性的，因为从来没有意识到这件事与自己的明天有什么必要的联系，所以才会出现一个令所有家长摇头的情况，那就是刚刚在学校庄重地立下誓愿，转过头来便又成为了一个调皮懒散的孩子，当我们责问他们："难道你忘记了你的志向了吗？乔布斯小时候，可不像你这么不努力。"他很可能会转过头来做出个鬼脸，一脸坏笑地对你说："乔布斯是谁啊。"之所以会出现这样的事情，主要原因就在于，他们并没有把心中的理想当作理想，也并没有把自己的志向与真实的未来联系在一起。

那么究竟怎样让他们意识到志向对一个人的重要性呢？想要让孩子真正被理想趋动，就要让他们长期生活在培育美好未来的氛围里，让他们真正意义上意识到未来与自己人生的关系，当他们意识到，此时的自己已经行走在未来的路上，生命中的每一天，距离那个光辉的顶点越来越近时，他们就会自觉地开始自我鞭策。因为他们知道，前方就是自己想要的东西，倘若这个时候，自己不快马加鞭的话，很可能就会因此错过，而对于一个人而言，倘若在有限的人生中，错过了自己最渴望拥有的东西，除了遗憾以外，自身的价值也会因此沦陷，显然这是谁也不想看到的。

曾经我的孩子和很多孩子一样，也出现过类似的事情，当时他跟我说："爸爸我想去开飞机，爸爸我想去做水手，爸爸我要成为宇宙飞船的创造者，爸爸我……"每当听到他的愿景时候，我总是在微笑，然后积极地鼓励他说："儿子你真棒，爸爸好像已经看到你未来的样子了。"但孩子毕竟是孩子，因为对这些职业没有概念，对自己的未来同样没有概念，说完以后，不到一天就忘记了。每到这个时候我会对他说："儿子，还记得你的梦想吗？"他点点头说："是啊，我都记得啊。""那你要怎样做呢？"我问。"好好学习啊。"儿子说道。

"儿子你回答得都很好。"我说道："爸爸为你点赞。但是今天爸爸还想针对你的梦想提出一些建议。这样可以帮助你更快地实现你的愿望。""更快的？那说说看。"儿子抬起头，用灵动的小眼睛看着我说。"儿子你知道吗？当上天将一个伟大的志愿装进一个人的意识里，就是有意要帮助他实现这个愿望。现在你已经有了这么多的愿望，你的内心是不是会经常为此而高兴呢？"我问道。"我每当想起来的时候，确实很开心。"儿子说道。"没错吧。好的想法会带动好的情绪，这样强大的能量才能不断地催化你的智慧，告诉你应该怎样去实现梦想。但是，他为你打开的是一条通向未来的路，如果你自己不站在这条路上，不去拿出勇气一路追寻的话，它就在你的生命中构不成任何东西。所以，倘若你想要拥有自己渴望拥有的一切，就要不断地去思考创造，持续地走在自我实践的路上。这样你才能真正地把握机会，赢得他送给你的那份礼物。"

听了这话，儿子点点头说："那我现在该怎么做呢？"我笑着拿来了纸笔说："那就先和爸爸做一个简单的人生规划吧。然后我们再制定一个阶段目标，比如说这一年，你应该达到哪些晋级，有效地达成一个初步的结果。"听了这话，儿子用力地点点头，于是我们坐在一起，探讨了大概两个小时，从终极目标到初级成果，一切都伴随着互动清晰地罗列出来。我将我们的战果贴在了儿子房间最显眼的地方，只要他醒来就可以很快看到它。当他下意识地开始懈怠的时候，我就会指着那张纸问："你真的要对不起自己的梦想吗？"每到这时，他就会下意识地振作精神，重新开始奋斗起来。

其实敦促孩子实现理想的方式很简单，就是要告诉他们理想与自己之间的重要关系，让他们心甘情愿地为自己的明天而努力。作为父母，我们不过是一道桥梁，只需要不动声色地去影响他们的信念，将他们的灵魂与他们的理想对接，我们只需要站在一边不断地激励、提示，用自己的真挚陪伴给予他们力量，或许此时，我们可以抓着他们稚嫩的小手，微笑着对他们说："外面的世界很大，努力地去寻梦吧，心中不要有什么疑虑，只要坚持下去，梦就是答案，梦境是翅膀，它可以带着你去飞翔，把你带入光明，将你引入希望。"

赵中华老师语录：

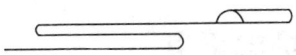

1.所有的理想都不仅仅是想，其中更多的内容，源自你的信念和行动。

2.在理想的面前，所有人的初心都是一样的，没有所谓的先后早晚，坚持下去，坚定不移，这就是一个人的特别之处。

3.梦想照进现实，最核心的一点是你要自己先相信。

圈子：突然发现，孩子的朋友怎么都是捣蛋鬼

家长问：我不明白为什么别人家的孩子都能交到一两个知心朋友，我家的孩子身边却全都是捣蛋鬼，每天被老师通报批评的几个人都是他身边的挚友，每天在一起嬉皮笑脸，真的让我这个做父母的担心。人们常说圈子决定了人生，看看我家孩子的圈子，真的令人担忧啊。

老师答：你说的没错，圈子决定了人生，所以我们需要跟孩子互动沟通，问问他们自己未来想成为什么样的人，倘若这个时候他能够准确地表达自己的理想，我们便可以继续自己的引导，告诉他们那个理想的自己应该拥有怎样的朋友。让孩子在模仿的过程中一步步地接近自己理想的状态，他就会成为一个对自己有要求的人，只要要求一产生，他身边的圈子自然就会出现更迭。因为他已经明白了一个道理，想成为什么样的人，就要和什么样的人站在一起。

原文：

孔子曰："益者三友，损者三友。友直，友谅，友多闻，益矣。友便辟，友善柔，友便佞，损矣。"

译文：

孔子说："对自己有益的朋友有三种，对自己有害的朋友有三种。与正直的人为友，与诚实的人为友，与见闻广博的人为友，便对自己有益了。与谄媚奉承的人为友，与虚情假意的人为友，与夸夸其谈的人为友，便对自己有害了。"

———————————

作为父母，我们最得意的一件事就是见证孩子一点一滴的成长。当他们从咿呀学语，渐渐地学会了奔跑，当他们从幼儿园变成了小学生，其中的一切，作为父母的我们都看在眼里，喜在心里。孩子到了一定年纪，就要有属于自己的朋友，我们希望他们身边的朋友，是友善的，可以为他们成长提供助力的，为此，很多父母不惜一切代价地为孩子营造更为美好的交友氛围，不论是从发小，还是从学校的选择，都花费了很大的心思。但即便是这样，孩子在交友这件事情上，依旧会出现这样那样的问题和麻烦，尽管作为大人的我们已经很努力，却依旧会因此而困惑不已，这到底是怎么回事儿呢？

前段时间一个家长打电话给我，说孩子又在学校捣蛋了。"我就不明白，我苦心为他选择幼儿园，苦心为他选择学校，一路为他的未来铺路，它为什么这么不争气。前段时间老师跟我说，他现在身边的朋友，都是一些老师头疼的捣蛋鬼，本来刚到班级里的时候，他还蛮老实的，现在也开始加入了调皮捣蛋的队伍，在孩子中间称起了霸王。前段时间老师把我叫到学校，一通的抱怨，说他现在竟然公开和几个坏孩子在班级里收保护费，还创办什么整人机构。没有交够保护费的孩子，就会遭到他们的欺负，而出价高的孩子，除了可以受到他们的保护外，还可以指使他们去欺负任何一个自己想收拾的对象。整个班级上下闹得人心惶惶，要不是班主任把事情压下来，恐怕这次他的命运就只有劝退了。您知道吗，当时我听了心里那个气啊，为什么别人孩子身边就能有真挚的朋友，我儿子的身边却总是一些乌合之众呢？”

现在有一句很流行的话叫作："想成为什么样的人，就要和什么样的人在一起。"对于一个孩子来说，或许他们对这句话的领悟并不是那么深入。但是作为父母，我们有必要调动自己的内在智慧去引导他们，帮助他们对自己身处的圈子进行有针对的选择。

说到这就不得不提到古人的一个最为经典的案例了：

从前孟子小的时候，父亲很早就已经过世，母亲守节没有改嫁。当时，她与孟子住在一个墓地的旁边，孟子每天和邻居家的小孩儿一起结伴，学着大人的样子在坟地边上跪拜哭泣，玩着办理丧事的游戏。孟母看了以后，很着急，心想，我的孩子长期处在这样的状态怎么得了。于是孟子的妈妈带着孟子搬家到了集市旁边，孟子又跟旁边的邻居孩子一起玩起了商人做生意的游戏。一会儿鞠躬欢迎客人，一会儿热忱地招待客人，一会儿又和客人讨价还价，表演得极其到位。孟母看到以后，又是心急如焚，心想这样下去儿子的未来就毁了，不可以住在这里。于是她再一次带着儿子搬家，这一次，他们搬到了学校附近，孟子身边的孩子，都很严谨好学，孟子也学着他们的样子开始彬彬有礼，用功读书。看到孩子有这样大的变化，孟母终于欣慰地笑了，她开心地点点头说："这才是我的孩子应该住的地方啊！"

　　其实活到我这样的岁数，对环境造人的真理早已深有体会，曾经儿子对我说："爸爸，不知道怎么回事儿，班里的同学我并不是每一个都合得来。有些老师不断地在表扬他，但是我却不喜欢他，有些老师从来没有表扬过他，我却和他很谈得来。"我听到这样的话，对儿子说："你希望自己未来成为什么样的人呢？你觉得这样的人，每天心思里装的都是一些什么样的事情？你觉得他们会跟什么样的朋友交流，他们眼中的世界究竟都是什么样子？如果你能够凭借你聪明的小脑袋感受到这一切，那么你就会知道当下自己最感兴趣的内容应该是什么？倘若这个时候，有这么一个朋友，跟你抱有同样的方向和志趣，那么即便此时你们并不受他人的关注，也照样不会影响你们对于自我未来的态度。或许这种不被人关注的状态，还有助于你们更好地经营自我，但前提，你一定觉得这条路是非常具有建设意义的。"

　　想起当年，自己的漫漫人生路，少年不知愁滋味的自己，也曾经是一个计算机游戏的痴迷者，那时候身边的朋友，都和自己一样，一有空，就会迷恋在网吧里。后来兴趣爱好转变了，突然迷恋上了唱歌，于是周围的圈子改变了，所有的朋友，都是 KTV 的常客，每天和自己一起唱来跳去，当时感觉自己除了工作以外，其余的时间都被这些朋友和 KTV 的嘈杂声占满了。直到有一天，我无意识地走进了一位演讲家的课堂，我被他讲台上的表现深深吸引了，我有了一种冲动，倘若有一天自己也可以站在这样富有魅力的讲台上，那将是怎样自豪的事情？于是，在那一刻，我的人生悄然转变了，我开始不断地学习，不断地练习演讲，我开始虚心求教，开始翻阅各种经典。而在这样自我奋斗的征程中，我发现自己电话里的朋友名单正在悄然地发生变化。曾经那些朝夕相处形影不离的朋友，正在被另外的群体所代替。而那个在网吧中畅玩儿的我，在 KTV 里一唱就是一夜的我也从他们的世界里消失了。现在我的电话朋友名单中，更多的是可以为我人生提供助力的人，他们的热情感动着我，改变着我，我们之间探讨的话题也越来越深入，我因此看到了一个更广阔的世界，心中的小我，蜕变成了博爱的大我，我开始拥有了自己的理想，开始意识到，人生中最重要的事情不仅仅是为自己带来幸福，而是要让所有人因我的存在而幸福。

有了这个心愿，我的生命也掀开了崭新的一页。所以我经常对身边的年轻人说，每一个成长阶段，我们都会遇到不同的人，而在与不同人接触的过程中，我们自己也因此被影响改变着。倘若经过一段路程，你的生活越变越好，你手机里的名单在不断翻新，那么证明你在成长和选择上是成功的。倘若经过了十年，甚至二十年，你手机上的名单依然一成不变，那么只能证明一点，这么多年来，你从来没有尝试过改变，你也没有在改变的过程中遇到更好的自己。

对于孩子而言，人生的起步很重要，因为在这个阶段，是他们人格塑造最为重要的时期，这时候我们要做的事情是对他们结交的朋友做出指引。让他们从小就意识到，当下自己的选择，与未来的自己息息相关。为了自己的明天能更加美好，现在的自己，必须潜心地付诸努力。我们不得不说，人生中每遇到一个朋友，都是值得珍惜的缘分。但并不是每一个朋友都能与自己相守到最后。这一切都取决于我们内心对自己的定位，一旦定位的圈子不在从属于彼此，那么彼此之间的缘分就自然走到了尽头。

就现实社会而言，你的名字是你人生中的第一张名片，当你递上这张名片的时候，很可能别人对你并不了解。但倘若你说出的朋友，与对方有过很好的交往，那么他一定会顺势把你当作自己人来看待。相反，倘若对方得知你身边的朋友，在圈子里的名声差强人意，那么很可能你还没说什么，对方已经有了疏离之心。朋友决定了你格局的层次，同时也是你拓展人生的第二张名片，或许对于一个孩子来说，这些内容还略显深远，但是作为父母，我们可以结合自己的经验，尝试着与孩子探讨一下这样的话题。了解他们今后的人生方向，与他们畅想一下他们内心真实的向往是什么，我们可以与他们一起规划，与他们相互探讨，告诉他们如果想实现自己的梦想，自己究竟应该怎样优化自身的格局，如何在选择朋友的过程中，保持谨慎睿智的态度。倘若他们从很小的时候，就知道朋友圈对自己人生的重要意义，那么长大以后的他们，就一定不会陷入迷茫。

所以，让我们庆幸吧！还好，孩子还未成年，还好我们的阅历足够可以指引他们的方向，还好一切还未太晚，还好他们还会时不时依偎在大人的怀中；还好，他们会无意识地跟你谈谈理想，还好你有资格成为他们未来的参与者，望着蔚蓝的天，在变幻的云朵间，装进自己童真的笑容，最后你被他们全然地融入了内心世界，并在撒娇与闲谈中，获得了无限的喜悦。此时，他们终于意识到一个很重要的真理："你的圈子，就是你实现理想的半壁江山，想把江山坐稳，就别错过了那些能为你提供助力的人。"

赵中华老师语录：

1. 你生命中所接触到的人，决定了你所拥有的人生。

2. 想成为什么样的人，就要进入什么样的圈子。

3. 没换过几次朋友，说明你的人生始终都在原地踏步。

凌乱：做一件事从来不知道规划，结果到头来一地鸡毛

家长问： 我家的孩子实在是太让我头疼了，做什么都没有一个系统的规划，每天眉毛胡子一把抓，不管是房间还是他待的地方，没过一会儿的工夫就变得一团乱，每次我都是一边追在后面一边对他说："你怎么可以这样呢？自己做事情要有条理。"结果他反倒是一脸埋怨地说："你别动，你动了以后我的东西找不着了怎么办？"当时我心里那个气啊，真的不打一处来，这样糟心的孩子到底该怎么管呢？

老师答： 孩子做事没有规划，有几种可能，第一他们对自己兑现规划的能力不够自信；第二，他们很可能是因为想做的事情太多，已经分不清先后次序。针对这样的事情，首先要让孩子对自己一天所要做的事情进行优化，而其中最重要的一点就是，不要将时间安排得太满，正所谓今日事，今日毕，倘若想将一天的事情有条不紊地完成，那么首先就要对手头的事情做出选择。倘若每件事情都要做，肯定会对进度造成影响，但是倘若我们在有限的时间，只做两三件事，那么总要比八件十件来得容易。与其最终天上地下焦头烂额，那么不如从现在开始改变策略轻装上阵，所得到的结果可能比我们想象得还要好呢！

原文：

打仗要不慌不忙，先求稳当，次求变化；办事无声无息，既要精到，又要简捷。

译文：

打仗要不慌不忙，先求得稳当，再来讲求变化；做事要无声无息，既要精明老到，又要简单快捷。

　　我真的搞不懂现在的孩子，一会儿做这一会儿做那，结果一天下来哪件事儿也没做好，即便是你给他规划好时间，到时候一切还是乱套的。赵老师，我真的应该找个录像机把他一天的生活录下来给您看看，但凡是他待过的地方，都是一地的鸡毛，我每天回家大部分时间就是追在他的后面帮他收拾。可即便是这样，没过一会儿工夫，刚刚收拾整齐的空间，又被他给搞乱了。我问他为什么会这样，他还抱怨我说："你把我的脑袋搞乱了，我刚刚放到这里的东西找不到了，我着急地找了半天，结果你还说我。"哎呀，那时候我的心都被他给折腾乱了，真不知道该如何引导他。

　　要说我的孩子，也并不是不想给自己制订计划，但他一天之内想要做的事情太多了，结果一个接着一个，自己疲惫不堪不说，搞得我都跟着他一起受累，眼看时间到了，只能眉毛胡子一把抓，以至于他的情绪经常陷入紧张凌乱的状态，结果坚持了没几天，他说他受不了了，想放弃了。可即便是放弃，他的脑子里还是无序状态。每当看到他那副样子，我的心就百感交集，真的不知道该怎么办了……

这是一封家长来信，抱怨的内容就是孩子的生活凌乱，不善于规划。而现实中很多孩子都普遍出现了这样的问题。有些是孩子自己造成的，有些是家长造成的。抛开孩子的意愿不说，我们先来看看作为父母的我们都干了些什么？现在尽管学校的作业不多，但是父母却总是想给孩子的未来多加些筹码。于是家长一下班，就带着孩子穿梭于各种各样的学习班，今天学音乐，明天学数学，后天学作文，大后天学英语，总之孩子的生活被安排得满满当当，一到放学的时候，就被动地陷入紧张。时间长了，东西学了多少不知道，自己整个身心都变得凌乱了。

我曾经问过一个孩子，他放学后的生活是什么样的？他说："每天都奔走于各种各样的学习班，但并不是所有的学习班都是我想要的。学得好的，爸妈会夸我，给我买肯德基，但是学得不好的就会遭到他们一路的奚落和批评，所以每当去上这些培训班的时候，我的心都战战兢兢的。我因为上培训班常常紧张得难以入眠，因为父母给我报了很多内容，几乎天天学的东西都不一样，对前一天的知识还没有掌握，第二天学习的是与之截然不同的领域，我真的希望我自己是超人，可是我不是，我越来越被动了，有些时候会因此而意志力消沉，因为我觉得节奏太快了，我适应不了，也什么都做不好。"

听到这，我心里反倒对现在的孩子心生同情，想到自己小的时候无忧无虑，而现在的孩子从这么小就生活得如此不易，着实令人深思。说到这，脑海里突然浮现出这样一个很有借鉴意义的故事。

法国著名作家莫泊桑小时候曾经在著名作家福楼拜面前，非常自信地告诉他说："你有什么喜欢做的事情吗？"福楼拜看着他笑笑问："你有什么喜欢做的事情？"莫泊桑自信满满地说："我每天的生活内容可丰富了。我上午用两个小时的时间读书写作，用另外两个小时的时间弹钢琴，到了下午，我会用一个小时的时间跟邻居学习修理汽车，用三个小时的时间来练习踢足球，晚上会去一家饭店和那里的厨师学习烹饪。星期天的时候，我就去乡下跟那里的农民学习种菜的知识。"这些话说完，莫泊桑得意地问福楼拜："现在该轮到你了，说说看你一天的规划是什么样的？"

"我嘛！很简单。"福楼拜继续保持着微笑说道："我每天上午用四个小时来读书写作，下午用四个小时来读书写作，晚上再拿出四个小时来读书写作。"说完这些福楼拜转过身问了小莫泊桑一个问题："你觉得你得到的特长是什么？哪件事你可以特别专注地将它做到极致？"听了这话，小莫泊桑迅速败下阵来，他不知道该怎么回答，便反问福楼拜说："那先说说你吧，你最擅长什么？"此时的福楼拜坚定不移地说："写作。"这时候小莫泊桑才终于明白，所谓的特长就是能够专注地做好一件事情啊。

现在的孩子之所以会陷入凌乱，之所以做事情没有章法，源自他们根本无法将自己的能量和经历专注在一个点上。以致于在一天之内有限的时光中，他们始终都理不清思路，不知道什么是重要的，什么是次要的，于是眉毛胡子一把抓，看上去每天的生活都过得很充实，事实上真正的状态却是凌乱不堪的。

面对这样的情况，最有效的办法就是学会给自己的生活做减法。与其将所有想要做的事情全部抓在手里，不如对他们进行一个系统的分析，看看哪一件事，是自己最青睐的，最愿意去做的。当目标在选择机制中明确开来，便可以拿出更多的时间和精力对其进行系统的规划，从而有效地去实践，并在实践的过程中不断地赢得成就感和喜悦感。

曾经有个孩子问我："赵老师，为什么我觉得自己的每天都过得如此凌乱。"我问他："那么你告诉我，你在自己的一天中，给自己订立了多少个目标？"他想了想对我说："至少有十个，因为我想做的事情实在太多了。"听完这话，我故作惊讶地对他说："十个，一天只有二十四小时，去掉吃饭睡觉上厕所的时间，也就剩下十几个小时，你觉得你能够在一个小时之内，将一件烦琐的事情做到极致吗？"听了我的话，他哑口无言，于是反过来问我怎么办？我说："很简单，从现在开始给自己做减法，将十个目标，简化为三个目标，甚至也可以将三个目标变为一个目标，这样你就有更宽裕的时间和精力去完成它，而它能够给你带来的成就感，并不亚于你那十个目标所能给予你的。"

人生之所以凌乱，在于想做的太多，而时间却太少。我们不可能成为面面俱到的天才，但是倘若可以优化自己的选择，就可以有效率地经营自己的生活，他们可以成为领域中的精英，成为业内的佼佼者。有些人的人生始终是发散的，可他们却知道自己的目标究竟在哪里。所以一切都变得有针对性，所走的每一步，都透着一股内在的坚定。他们才是这个世纪最需要的人才，因为认清了优势，所以在自己的目标上从不迷茫，生活中发生的一切，都可以有条不紊应付下来，他们始终生活在自我发现的成就感中，因为热衷于此，因为享受于其中，所以不允许自己因为其他的事情陷入凌乱，就此他们打开了成功的新境界，这意味着，他们在有限的生命中将会比一般人赢得更多的喜悦和快乐。

赵中华老师语录：

1. 没规划，心中就没方向，但规划得太多，也未必是件好事。

2. 最富有智慧的规划，从来不会趋于现实。

3. 每一次都做得到，每一次信心都多一分，这才是规划的作用所在。

挑剔：总是挑剔来挑剔去，到头来自己也做得不好

家长问： 现在的孩子总是对眼前的一切挑剔来挑剔去，我家孩子就是这样，我感觉他看谁都不顺眼，看什么都要挑毛病，口头禅都是："这个太……""他为什么不……"每当听到这样的话，我都觉得很刺耳，我问他为什么要这样，他说对一切有要求有错吗？可是我问他对自己的要求是什么？他只是笑笑，没有回答，老实说，他对别人要求那么高，可他生活中的自己，做得并不好。我真的是苦笑啊，作为父母该怎样纠正这个问题呢？

老师答： 之所以有要求是因为对当下自己身处的一切不满意，因为不满意，又无法改变，所以才会把挑剔放在嘴边。我们需要转移孩子的角度，让他把更多的时间用来完善自己。外面的世界，每天千奇百变，谁也不要妄图改变谁，因为我们唯一能够改变的就是自己。接受外界本来的样子，不去排斥，也不去要求，将要求转向自我，这个孩子才会越来越优秀，他生活中的分分秒秒才会更加幸福，更富有智慧。

原文：

功名之地，自古难居。人之好名，谁不如我？我有美名，则

人必有受不美之名者，相形之际，盖难为情。

译文：

在功名这个领域里，自古以来便难以居留。那些拥有追逐名声之心的人，有谁不如我呢？我拥有美好的名声，就一定会有人得到不好的名声，互相比较之后，很让人难为情。

———————

"我不想要这个，这个实在太垃圾了。""我不喜欢这个人，觉得他怪怪的。""为什么总是会碰到这样糟糕的事情，现在看见什么都没好心情了。""难道我不值得拥有更好的吗？竟然拿这样的残次品给我。"作为父母，有没有听过孩子这样的抱怨呢？小小年纪，竟然也已经具备了挑剔的眼光，好像在他们的世界里，早已经有了分明的爱憎。他们会说："大人的世界很复杂，但是孩子的世界也不简单，不要觉得我什么都看不出来。"细细品味一番他们老道的言辞，突然间心里有了那么点莫名的焦虑，倘若现在开始就以挑剔的眼光去面对人生，今后的他们在面对幸福和重大人生选择的时候，会不会因此而遭遇困惑呢？

曾经有个家长就跟我抱怨，说她每天都会听到孩子不同程度的抱怨，他会告诉她自己不喜欢这个，不喜欢那个，那个人不怎么样，另外那个怎么不着调。可是说到他自己的时候，他的包容力是十分强大。以至于让身为父母的人苦笑道："我觉得他将要求全部都给了别人，轮到自己就什么也没有了。在我看来，他自己做得并不好。有些时候还像极了他不屑的那些人。"

曾经有一个学员问我："赵老师，究竟挑剔是什么？它会以怎样的形式进入到我们的生活？"我想了想说道："挑剔时会告诉自己我们不喜欢这个，不喜欢那个，以至于将所有的力量集中在了外在，以至于最终我们的内心与外在的管道出现了堵塞，我们不知道自己究竟应该怎么做，也不知道怎样有效地解除自己的困惑。于是这种毒就积攒在了我们的身体里，排也排不出去，倒也倒不出来。想要真正解决这个问题，最好的润滑剂就是无理由地接受和包容，倘若自己拿不出这份勇气，这样的不适感会继续蔓延，以至于最终自己会在这种堵塞中孤立起来，除了反复经历其中的痛苦，这种堵塞会让我们被动不堪。这就是为什么用挑剔的眼光看世界，总是很难从中得到快乐。"

现在很多孩子之所以会挑剔，原因在于他们从小被各种疼爱呵护着，已经习惯呼风唤雨的生活，他们总是觉得，只要自己传递一个眼神，只要自己内心有了某种需求，别人就能够很快察觉，然后快速地帮助他们去兑现。但事实却并非如此，因为各种各样的原因，并不是所有人都能看出他们的心思，也并不是所有人都能时时以他们青睐的方式解决问题。当一切并没有按照他们理想的规划发展，他们便会很自然地开始自己的挑剔和指责，当语言伴随着情绪的升华变得越来越尖锐，越来越让人难以容忍，那些所谓的"你为什么不……""你就应该……""你怎么会……"顺势成为他们表达需求的方式，当这种方式一次又一次地开始制造麻烦，他们便因此在挑剔感的恶念中意志消沉。尽管他们不知道问题出在哪里，也不知道为什么别人在疏远自己，但那种不开心的情绪足够让一个人吃尽苦头了。

曾经有一个小女孩儿对我说："赵老师，我也不知道为什么，我现在发现自己成为了一个爱挑剔的人，我对外面的很多事情都看不惯，我总是希望别人能够按照我的想法去做事。一旦这一切并未如我所愿，我就会很不开心。此外，面对其他人，我开始不断地提升自己的要求，当我习惯了以这样挑剔的眼光去面对一切以后，很多朋友都离开了我。其实，我也已经意识到了问题所在，但是我就是无法改掉这个毛病。现在的我，每天放学只能一个人回家，再没有什么朋友给我打电话，也没有谁愿意周末和我一起出去玩儿。我对此苦恼极了。真不知道该怎样转变这样的生活。"

听到她的倾诉，我摸摸她的头说："这个世界确实会出现很多我们看不惯的事情，但这并不意味着我们要因为它而将自己变成一个性格尖锐的人。越是在这样的状态下，我们越是要保持一颗平和的心，让自己尽可能地宽容而优雅，以微笑而谦卑的态度去面对身边的每一个人。即便他们在很多细节上并不完美，但这并不意味着你要因为这些不完美而撩动起不安的情绪。我可爱的小姑娘，这个世界上没有相同的两个人，所谓的接纳，也并没有我们想象的艰难，你不需要全然地用爱包裹这个世间的每一个人，只需要去接纳他们本来的样子就好，未必一切都要凭借我们的认知去调整。一个人真正的智慧就在于，不管身处于什么样的环境，都可以全身心地享受自我、拥抱自我，它从来不会因为外界的一切而惆怅，因为他已经活出了自己最满意的样子。"

天上没有两片相同的树叶，人也不可能踏进同一条河流，天地的博爱在于它毫无要求的养育着世间的万物，却从没有挑剔过什么。一个人想真正得到尊重，成为所有人爱戴的对象，首当其冲最重要的事，就是对眼前的一切给予诚恳的接纳和包容。心承载得越多，未来就会得到越多，当一个人能够以不挑剔的态度面对周边的一切，眼前的世界也会伴随着视角的转变而发生改变。这一点无论是对孩子还是已经成年的父母都是尤为重要的。

赵中华老师语录：

1. 挑剔的原因，无外乎对当下的一切不满意。

2. 每天活在挑剔中的人，分分秒秒都是痛苦的。

3. 接受一切本来的样子，才能发现大千世界最纯正的美。

执着：所有的努力只为别人能高看自己一眼

家长问： 我家的孩子每天都很努力，这本来是一件令我欣慰的事情，但是突然有一天我发现他努力的方向不对劲，他告诉我，他所有的付出只是为了获得别人的认可，可见别人的影响力在他身上作用是多么强大。但作为父母，我知道真正的强者是不会受到外界影响的，他们的行为和思想始终都是由自己驾驭，一旦心中有了执着，并将这种执着投射到别人身上，这对于一个人树立正确三观而言是很危险的，所以想问问老师，基于这样的问题，作为父母应该怎样引导孩子呢？

老师答： 对于这个问题，我们首先要转变的是孩子的观念，人活着不是要一味地满足别人的需求，而是要将更多的努力放在内观自己，我们可以用心为别人服务，但是我们人生的目标是为了拥有让自己更满意的人生。倘若这个时候，我们的付出被别人的意志所局限，就会因此而丧失自由，倘若别人一句话就可以让你上天堂，一句话就可以让你下地狱，失去自由的灵魂将所有的一切交由别人摆布，又怎能得到真正的满足和快乐呢？

原文：

吾辈在自修处求强则可，在胜人处求强则不可以。若专在胜人处求强，其能强到底与否尚未可知，即使终身强横安稳，亦君子所不屑道也。

译文：

我们在自我修养方面做到比别人强就可以了，在胜过别人方面求强则不可以。若是专门在胜过别人方面去强求，这种强能否强到底尚且还不可知，即便这种强能够终身保持而且安稳，也是君子所不屑于称道的。

在惠宁，我结识了很多小朋友，他们现在虽然还在上小学，对外面的世界秉持着纯真美好的态度，但内心却也有着很多未解的困惑。很多爸妈很少在意这些小忧虑。但困惑就是困惑，只要形成了问题，如若不解决，就会一直压在心底，成为生命中难以释怀的愁思，时不时地在他们心中击打，以至于最终，这些孩子渴望被理解、渴望在互动中倾诉，而我成为了他们心中的希望。在成立公司的这么多年来，接到了很多小朋友来信，他们用非常漂亮的信纸和信封装点着他们的心事，用纯真的笔迹讲述着自己的故事，这真的让我非常感动，同时也让我隐隐地发现了某种令人担忧的迹象。那就是，在他们这个稚嫩而纯真的年纪，竟然已经无形地对某些事情产生了执着，他们因这种执着而苦恼，因这种执着而压抑，他们渴望自己成为更好的人，但却在这种渴求中，埋没了本有的性情，以至于最终，几番纠结和奋进依然不能达成自身满意的成果，他们很苦恼地对我说："赵老师,我已经很努力了,为什么别人还是不喜欢我？""为什么我那么努力,成绩还是原地不动？""为什么我那么努力地做出改变,老师还是跟没有看到一样？"每当看到这些,我总是摇摇头,在信札上写上这样一些字："孩子,你把别人看得太重要了,有没有想过你自己跑到哪儿去了？"

说到这,我想到了一个成年朋友的经历,她的名字叫小丽,长得非常漂亮,工作也兢兢业业,别人觉得她人实在太好了,可是她却告诉我她一点儿都不快乐。每到静谧的夜,她一个人躺在床上会流泪,有些时候她自己也不知道为什么,只是觉得当下自己所付出的一切都在流泪中失去了意义。我问她："到底发生了什么？"她说觉得自己好累,小时候,为了讨父母老师欢心,她努力地学习,压抑了自己内在的很多爱好,为了害怕父母说自己贪玩儿,只能偷偷地看着其他朋友在外面跳皮筋儿。到了上大学的时候,她开始讨好同宿舍的同学,开始讨好自己的男朋友。她觉得他们对她来说太重要了,所以会不惜一切代价地兑现他们的愿望,可最终一到毕业,自己就好像是个自由落体,被对方很轻易地抛弃,只能继续在孤独中行走,看不到未来,也找不到属于自己的明天。后来自己工作了,她把所有的同事都当成自己生命中最重要的人,只要对方略微带点情绪,她就会因此而胆战心惊,她努力地工作,用心地和同事维系关系,帮他们买早点,帮他们复印资料,可最终,大家都当这一切是理所当然,一旦有一天她没这样做,所有人都会摆出一副冰冷的架势,让她顺势感受到寒风刺骨的感觉。说到这里,她的眼泪不自觉地就流下来,哭得像一个孩子。她对我说,每天晚上临睡前,她都感觉内在有一个孩子在跟自己交谈,问她现在所得到的一切是不是真的有意义,她说她回答不上来,总觉得很小的时候,自己就对这方面有所缺失,以至于现在,自己每当被别人冷落的时候，就会不自觉地紧张战栗，就会不自觉地被陷入恐慌，现在自己是父母眼中值得骄傲的女儿，是上司眼中的优秀员工，是所有同事眼中喜欢的对象，是男朋友眼中温柔的女友，可是不知道为什么，自己就是不开心，自己得到了一切，每天努力想要证明的都实现了，可自己却觉得越来越累，感觉这一切都不是自己想要的。听了她的话，我只对她说了一句话："之所以现在你自己会那么不开心，原因就在于你把别人看得太重要，从很小的时候，你就失去了自我，你把自己搞丢了。"

因为有了这样的一次经历，每当我看到那些因为他人而深陷苦恼的孩子，内心都会不由得升起一丝悲悯。在这个孩提的时段，很多孩子都在父母的推动和老师的鼓励下想要证明自己是个优秀的孩子，是一个团结同学的孩子，但并不是所有的孩子在付出努力之后都能获得大家的认可和掌声。这无形中给他们带来困扰，为什么自己那么努力却依旧不能成为别人眼中最认同的那个人呢？这样的事情，恐怕在很多孩子的世界里都出现过，比如我的儿子刚上小学的时候，就对我说："爸爸，老师说只要上课的时候一动不动，就会有一朵小红花，我为了这个小红花，真的整个上课期间，都一动不动地端坐在那里，可是最后老师还是没有给我小红花，我到底做错了什么？"当我听到了这句话，我开始意识到现在孩子心中产生了执念，所以我对他说："儿子，小红花并不重要，重要的是你是一个言而有信的人。你从头做到了尾，并不仅仅为了小红花，更重要的是你练就了你的耐力，你努力地坚持着，你一切努力的对象都是你自己。你的努力已经足够使你快乐，有没有小红花，真的没那么重要啊！"

就孩子而言，有些时候一项荣誉要比自己所学到的知识来得更为重要，而当他们面对荣耀的时候，他们内心所秉持的态度，对于他们今后的人生来说，是非常重要的。很多人终其一生，付出各种各样的努力，原因不在于自己从中得到了什么，而是在于别人能不能高看自己一眼。将自己的努力，活在别人的世界里，这样的人生想活出意义来，真的很难。我们可以为别人的幸福而奋斗，可以为他人的理想而努力，但前提是，我们能够从中活出自己满意的样子，我们能够意识到自己内心的付出，能够享受到分享的快乐，我们不会因为别人的改变而改变，也不会因为别人的种种而心慌，因为我们知道自己的生活究竟应该是什么样子，我们知道，即便有一天我们因各种原因疏离了他人的世界，自己也不会因为这种疏离而痛苦一分，更不会因为这种疏离而磨灭了自己的理想和斗志。就这一点而言，在孩子的教育问题上是非常重要的。

很多孩子会在荣誉感上产生各种各样的落差，为了一份荣誉感，他们很可能会在整个学习生涯中付出自己所有的时间和努力，但事实上，如果没有找到一个正确的出发点，那么他们以后的人生道路中，就必然会被欲望所累，他们很可能会每天活得很辛苦，却始终找不到属于自己的存在感，他们会因为别人的种种而产生动摇，不知道自己生命中最重要的内容是什么，这将意味着，他们不遗余力的努力，只为活成别人满意的样子，而别人满意的样子，未必就是自己渴求的人生。这也就是为什么，很多人在活成了成功人士的样子后，依然过得艰辛痛苦，甚至找不到自信，他们甚至觉得自己的人生很失败，因为当下让人羡慕的一切，所谓美好的一切，都不是自己想要的生活。这看起来像个笑话，甚至让人难以理解，但那却是他们人生真实的写照，倘若人生只为了一份荣誉而生，那么即便成功，这份成功也是肤浅的，所有的父母，都希望自己的孩子拥有成功的未来，但同时也希望他们能够活出他们自己，而这就是我们当下的努力方向，告诉他们别人对自己来说意味着什么，别人赋予的荣誉对自己来说又意味着什么？

没有人会在成功者面前去炫耀自己有一个怎样灿烂的童年，因为时间实在太宝贵，这个片段真的不重要。没有人会傻到抱着过去的荣誉不放，因为过去已然早就作古。父母要告诉孩子什么是重要的什么是不重要的，消除他们意识中的盲点和执念，让他们能够更痛快地做自己，让他们在自我得到中体验真实的成长，那么这对于他们的人生来说，将会成为最为重要的一课。没错，我们是孩子生命中的第一个老师，就他们的人格塑造来说，这一课是必须的，也是我们责无旁贷的使命。

赵中华老师语录：

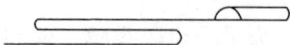

1.执着越多，痛苦越多。

2.过分地渴求别人的认同，核心的核心，还是因为不自信。

3.别人眼中的成功，未必就适合自己。适合自己的，才是此生最值得珍惜的。